FABIO NORCIA   FIAMMETTA BALDASSINI

RIFLESSI DELL'ANIMA
Le pietre di personalità

La pietra di personalità
va scelta con molta attenzione
perché ti accompagnerà
tutta la vita
e aiuterà la tua Anima
a vivere in armonia con il mondo

Titolo: Riflessi dell'Anima – Le pietre di personalità
Autori: Fabio Norcia, Fiammetta Baldassini
Copyright © 2023

ISBN 979-8854266840
Independently published

Progetto grafico e impaginazione:
Laura Bertocci

Informazioni sugli Autori e sulle loro attività
possono essere reperite sui siti internet:
www.fabionorcia.it
www.energieconsapevoli.com

Per contattare gli Autori:
fabionorcia@icloud.com
fiamma69b@gmail.com

Questo libro può essere acquistato:
- sul sito Amazon
- presso gli Autori

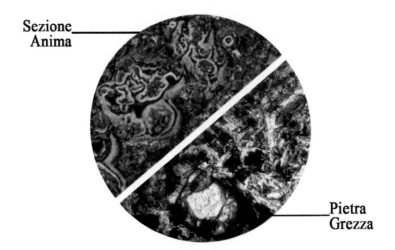

Sezione Anima

Pietra Grezza

Immagine di copertina

Contiene due elaborati messi a confronto.
L'immagine in alto a sinistra è un preparato istologico elaborato al computer, di una zona del cervello dove è localizzata l'Anima.
L'immagine in basso a destra è una sezione sottile di un campione di roccia grezza di Basalto, osservata al microscopio.
Con queste immagini unite tra loro che rappresentano una sorta di abbraccio tra l'Anima e le pietre si è voluto dare risalto al rapporto tra le emozioni dell'Anima e le Pietre di Personalità.
È una fusione tra soggetti apparentemente così diversi ma predisposti ad essere riuniti dalle ricerche congiunte degli Autori.

Troverai di più nei boschi che nei libri.
Gli alberi e le pietre ti insegneranno
ciò che non si può imparare dai maestri.
(San Bernardo)

INTRODUZIONE DI FABIO NORCIA
Il simillimum

Le pietre sono maestri muti,
esse fanno ammutolire l'osservatore
e il meglio che si impara da loro
non si può comunicare.
(Johann Wolfgang Goethe)

Si narra che Ametista fosse una ninfa dei boschi di una bellezza irresistibile. Secondo la leggenda Bacco, dio del vino e dei divertimenti, se ne innamorò perdutamente ma la giovane non lo ricambiava e rifiutava, seppur con garbo, la sua corte. Bacco, furioso e in collera perché incapace di sopportare tali rifiuti, decise di farla rapire da una belva feroce. La ninfa invocò la protezione di Diana, protettrice della purezza femminile e quest'ultima intervenne per salvarla, trasformandola in un cristallo trasparente, puro e splendente. Quando Bacco rientrò in sé e si rese conto di ciò che aveva fatto, pianse amaramente. Sinceramente pentito, pensò allora di sacrificare il suo vino migliore, quello che custodiva più gelosamente e lo versò abbondantemente sul trasparente cristallo in cui era stata trasformata per sempre Ametista, nella speranza di poterla riportare in vita. Ametista, come in risposta a questo tardivo gesto di amore, assorbì tutto il nettare, ne assunse la bella colorazione viola e si mutò definitivamente nella preziosa gemma Ametista. Conservò il suo stretto legame con Bacco, in quanto assunse il potere di talismano contro l'ubriachezza. Si riteneva infatti che bevendo vino o alcool da un calice di Ametista fosse impossibile ubriacarsi. Tra gli antichi romani, in occasione di banchetti e celebrazioni, mentre gli ospiti si dilettavano e si lasciavano trasportare dai piaceri del vino, era usanza per il padrone di casa bere da un calice di Ametista per rimanere sobrio e controllare lucidamente i festeggiamenti. Comparve in seguito anche tra i vescovi cattolici l'usanza di portare al dito un anello di Ametista per proteggersi dagli eccessi e mantenersi saldi nel pensiero spirituale.

Questo è uno dei racconti affascinanti sui cristalli che mi narrava Fiammetta Baldassini grande esperta del settore, a conferma del fascino che da sempre il mondo dei minerali ha esercitato sugli esseri umani e del ruolo a loro attribuito come protettori della salute. Ho imparato da Fiammetta a prendere in considerazione le proprietà curative delle pietre fino al punto di studiare come inserirle con il suo aiuto in un concreto progetto di equilibrio psichico e fisico.

Questo libro nasce proprio da una lunga serie di incontri tra me e Fiammetta, entrambi affascinati dalla magia di Madre Natura che aveva previsto soluzioni sagge per qualunque problema si fosse presentato agli esseri viventi, vegetali, animali ed infine umani. Era presente in noi, fino dall'inizio delle nostre conversazioni, la convinzione emotiva che eravamo circondati da punti di riferimento, aiuti concreti dati dalla Natura per tutti i nostri bisogni. Si trattava dei vegetali ricchi di colori accattivanti, di forme artistiche e di aromi coinvolgenti e delle pietre silenziose ma comunicanti con le loro vibrazioni, disposte non a caso sul nostro cammino. Si potrebbe pensare ad un sentiero tracciato da Madre Natura e fatto di leggi a noi tuttora in gran parte sconosciute per indirizzare l'evoluzione di tutti gli esseri viventi. Con grande nostalgia mi tornarono in mente le parole di un mio maestro di omeopatia quando mi diceva che per lui era un piacere straordinario, perché non frequente, riuscire a scoprire il *Simillimum*, rimedio speciale capace di risolvere qualunque squilibrio in un determinato paziente. Il Simillimum era inteso dai vecchi omeopati come il rimedio unico e specifico creato dalla natura per una singola persona, capace di migliorare il suo equilibrio energetico e apportare effetti benefici sulla salute a livello psichico e fisico. Era in grado di accrescere la lucidità mentale, migliorare il tono dell'umore e riequilibrare la funzionalità di organi ed apparati. Quel Simillimum poteva così essere utilizzato per qualunque problema di salute si presentasse in quel paziente nel corso della sua vita. Si trattava dunque di un farmaco in cui si racchiudeva il potere grandioso della natura stessa.

Porsi come obiettivo la ricerca del Simillimum è sempre arduo e per scoprirlo occorreva uno speciale approccio clinico. Infatti il Simillimum è spesso un medicamento poco visibile, quello che non ti saresti aspettato. Va sempre ricordato che si tratta di una ricerca laboriosa perché la scelta definitiva di un rimedio si basa sulla valutazione completa delle caratteristiche fisiche, emotive e psicologiche del paziente.

Erano ricordi lontani di quel maestro e del Simillimum ma riattivati in me da Fiammetta quando cominciò a parlare della magia delle pietre di cui era esperta attraverso molti anni di studi.

C'era una strana similitudine infatti tra il mondo dell'omeopatia e quello delle pietre. L'approccio con il paziente da parte dell'omeopata richiede infatti un'osservazione più profonda di quella che viene effettuata abitualmente in altre discipline e deve essere arricchita dall'intuizione e dalla sensibilità del terapeuta. Lo stesso avviene quando si lavora con le pietre.

Con Fiammetta ci siamo chiesti se era davvero possibile trovare il Simillimum anche nel mondo delle pietre. C'è una pietra specifica capace di inserirsi nel piccolo o grande squilibrio di ciascuno di noi per ricrearvi un equilibrio energetico? Certo per un uomo di scienza come me non è stato facile affrontare il mondo delle energie, definirle, valutarle, confrontarle con le emozioni ed utilizzarle per il benessere psichico e fisico. Si trattava di una scommessa rischiosa ma affascinante. Fiammetta partì decisa parlandomi di una pietra molto conosciuta, il Quarzo Ialino e delle sue proprietà piezoelettriche. Il Quarzo Ialino è una delle varietà di quarzo più conosciute, completamente trasparente e incolore, senza inclusioni di alcun tipo.

Fiammetta aveva cominciato i suoi trattamenti con le pietre utilizzando proprio il Quarzo Ialino. Aveva osservato come il contatto con questo cristallo era in grado generare un senso di rilassamento e serenità nella maggior parte delle persone da lei trattate. Queste osservazioni che l'avevano convinta a portare avanti la sua ricerca sulle caratteristiche anche di altre pietre, incuriosirono molto anche me e mi stimolarono ad affrontare una ricerca scientifica sulle attività curative delle pietre. Fu allora che conobbi e approfondii le mie conoscenze sulla storia estremamente affascinante della *Tormalina*. Già nel 314 a.C. Teofrasto parlò per la prima volta della *piroelettricità* notando che la Tormalina attraeva segatura o paglia quando veniva scaldata. Nel 1707 Johann Georg Schmidt riscoprì le proprietà della Tormalina ma notò in più che tale minerale attraeva la cenere calda, non quella fredda. Nel 1717 Louis Lémery notò che frammenti di materiale isolante erano prima attratti dalla Tormalina ma poi respinti una volta entrati in contatto (caricandosi con la carica uguale si aveva la repulsione elettrostatica). Nel 1747 Linneo fu il primo che collegò il fenomeno all'elettricità e chiamò la Tormalina *Lapidem Electricum* (pietra elettrica). Anche se bisogna aggiungere che la cosa fu provata solo nel 1756 da Franz Ulrich Theodor Aepinus. Nel 1878 lord Kelvin sviluppò la teoria alla base di quella che fu chiamata piroelettricità e definita come la proprietà di alcuni cristalli di generare una variazione di polarizzazione elettrica a seguito di un cambiamento di temperatura (riscaldamento o raffreddamento). Ma bisogna menzionare anche l'importante contributo del fisico Woldemar Voigt alla fine dell'800.

Dalla magia nascosta nel Quarzo Ialino, perfettamente incolore e limpido e nella Tormalina, in particolare quella di colore nero, partì la nostra affascinante ricerca del Simillimum nel mondo delle pietre.

Mi sono impegnato con Fiammetta per scoprire quelle che abbiamo deciso di chiamare *Pietre di Personalità* e mettere per iscritto i risultati ottenuti.

In questo libro si parlerà di energie e come si fondono con le emozioni, si cercherà di classificare in modo ordinato e razionale i *Tipi Psicologici* e di catalogare i vari *Disturbi di Personalità*. Saranno scelte le pietre da utilizzare per accrescere il livello di equilibrio energetico nelle persone cosiddette sane ma anche in quelle affette da squilibri psichici e fisici. E scopriremo la loro bellezza straordinaria che da sempre ha accompagnato la vita degli uomini sulla terra per farci trasportare in un mondo dove la magia confina con la scienza. Sta a noi aprire quel confine e fare comunicare due mondi che insieme possono contribuire a generare risultati straordinari nel campo della salute psichica e fisica.

Molti utilizzano le pietre convinti dei poteri che vengono ad esse attribuiti. Sono stati scritti molti libri sull'argomento che hanno affascinato milioni di lettori e non vogliamo contestare nessun operatore del settore che seriamente lavora con le pietre né cercare di sminuirne la professionalità. Sia io che Fiammetta siamo convinti che le pietre abbiano un reale potere tanto da volerle utilizzare nel nostro progetto e lo abbiamo fatto in un modo nuovo e originale, rendendole protagoniste della salute mentale e fisica. Rapportarsi con il mondo delle pietre seguendo un percorso scientificamente più concreto di quanto avvenuto fino ad ora, è sicuramente un atteggiamento inconsueto ed innovativo. Lo facciamo con umiltà ed amore sperando di trasmettere ad altri le conoscenze che abbiamo accumulato dopo molti anni di studio nel fantastico mondo delle pietre. In fondo si tratta di trasformare la magia in scienza e la scienza in magia.

Per questo abbiamo deciso di inserire nel libro molte notizie che provengono dal mondo scientifico, cercando di spiegarle in maniera semplice e comprensibile per tutti. Siamo consapevoli che talvolta, nonostante il nostro impegno, il contenuto non è di facile lettura ma siamo altrettanto consapevoli che oggi non è più possibile rimanere in superficie in qualunque campo rivolgiamo la nostra attenzione, se vogliamo ottenere buoni risultati. In particolare questo vale per le notizie scientifiche. Diceva Dante Alighieri che *"fatti non foste a viver come bruti, ma per seguir virtute e canoscenza"*. Questo è particolarmente vero in un mondo come il nostro in cui le conoscenze si sono sviluppate al punto da poterci dare ottimi risultati se sapute bene interpretare, in particolare per ciò che riguarda la nostra salute.

Il nostro viaggio straordinario nel mondo delle pietre, cominciato casualmente alcuni anni fa, vogliamo condividerlo attraverso le pagine di questo libro con chi desidera percorrere strade nuove alla ricerca di un migliore stile di vita. La cosa non riguarda solo voi, con il libro e le tabelle in esso contenute potrete scoprire quali sono i tipi di personalità di amici e parenti. Potrete scegliere per loro la pietra di personalità e donarla come augurio di buona salute. Sarà un regalo prezioso che solo con un libro come questo potrete offrire a tutti i vostri cari.

PRIMO CAPITOLO
Materia in movimento

Le gemme possiedono una vita interiore:
i loro colori parlano,
raccontano ciò che le parole
non riescono a dire.
(George Eliot)

La storia dei cristalli si perde nella notte dei tempi poiché i popoli antichi utilizzavano le pietre non solo per la salute fisica, ma anche come mezzo per sviluppare le energie sottili del corpo e per concentrare quelle cosmiche. Alle pietre si è sempre assegnato un potere magico forse perché i loro colori vivaci, la luminosità, la trasparenza e il fascino misterioso hanno ispirato fin dall'antichità una visione religiosa, al punto da credere che fossero doni che le divinità offrivano per combattere malattie e disgrazie.

Le proprietà di pietre e cristalli sono state sfruttate da migliaia di anni e molte delle più grandi e antiche civiltà, tra cui Egizi, Maya, Indiani, Tibetani, Sumeri e Assiri utilizzavano i cristalli durante le cerimonie per divinare il futuro, come portafortuna e per la cura di specifici disturbi. La mitica civiltà di Atlantide era nota per la sua conoscenza dell'arte della *Cristalloterapia*. La civiltà egizia utilizzava le pietre ed i cristalli, in particolare il Diaspro Rosso, la Corniola e tutte le pietre rosse per aiutare lo spirito dei defunti durante il passaggio verso le dimensioni più sottili, con il compito di proteggere l'Anima da influenze negative. Le notizie sull'uso costante di pietre e cristalli sono state tramandate fino ai giorni nostri da sconosciuti sciamani e da celebri personaggi come Plinio il Vecchio, Santa Ildegarda, Giorgio Agricola, i Vescovi Isidoro di Siviglia e Marbodo di Rennes, Re Alfonso di Castiglia, tanto per citare alcuni nomi famosi.

Dal mondo classico al Medioevo le presunte proprietà ed i presunti effetti dei minerali furono oggetto di speculazione filosofica e alchemica. Alle pietre era attribuito un preciso influsso terapeutico, specifico per ciascuna patologia, come affermato ad esempio nella *Naturalis historia* di Plinio e dal trattato sulle rocce *De lapidibus* di Teofrasto.

L'essere umano ha da sempre attribuito alle pietre proprietà terapeutiche e questa visione l'ha tramandata di generazione in generazione tanto da far dire che i loro poteri sono ben memorizzati nei nostri cromosomi. Da queste premesse è nata la moderna cristalloterapia, una pratica di medicina alternativa, che si prefigge di eliminare disfunzioni o malesseri mediante il contatto e la collocazione di minerali su determinati punti del corpo.

Secondo i sostenitori di questa pratica tutto ciò che esiste nel nostro Universo in tutti gli stati (liquido, solido o gassoso) è energia. Esseri umani, animali, piante e minerali emettono frequenze che entrano in risonanza con quelle del cosmo intero. È la stessa energia che produciamo e utilizziamo quotidianamente e che ci fornisce il supporto necessario per mantenerci in vita ed in salute.

Ogni cristallo avrebbe una sorta di "campo energetico" proprio, capace di entrare in contatto con quello di ogni forma vivente del regno animale e vegetale. Il cristallo opererebbe nel corpo umano sui piani definiti come fisico-emotivo-mentale, ricreando l'equilibrio e l'armonia.

Non esiste attualmente alcuna prova scientifica di tali affermazioni anche se oggi conosciamo gran parte delle energie che il corpo umano è in grado di produrre. Per questo motivo la cristalloterapia, come le altre forme di medicina complementare, non deve sostituire le terapie convenzionali, ma può esserne una valida integrazione.

Anche se la cristalloterapia non ha mai beneficiato di prove scientifiche che ne dimostrino la validità, è da tenere presente che spesso la dimostrazione della sua inutilità è stata affidata a pseudoscienziati. Come nel caso di James Randi, illusionista canadese e oppositore delle pseudoscienze, che sottopose un'esperta di cristalli ad un esperimento in diretta televisiva, basato sul metodo del doppio cieco. Dimostrò in maniera molto salottiera e facilmente contestabile l'assoluta assenza di qualsiasi effetto su un essere umano che potesse essere attribuito ai cristalli. Una posizione condivisa da molti è che eventuali ed ipotetici effetti benefici dei cristalli andrebbero ricondotti esclusivamente all'effetto placebo che in ogni caso non è piccola cosa e se ben gestito può dare straordinari risultati. Questa posizione alla fine confermerebbe comunque un qualche sicuro risultato dovuto a tale tecnica.

C'è da domandarsi a questo punto quanto possono essere valide tutta una serie elucubrazioni scientifiche in un campo tuttora così complesso come quello delle pietre ma non è nostra intenzione soffermarci in una discussione che è da considerarsi del tutto sterile.

Benché la medicina ufficiale e il mondo scientifico in generale non prestino credito alla cristalloterapia, è indubbio e scientificamente provato, che pietre e cristalli possono emettere varie forme di energia e che quindi possono avere un effetto sul mondo circostante.

Basta prendere i nostri cristalli dall'aspetto inerte e metterli al buio sotto una lampada di Wood per scoprire che essi emettono luci colorate altrimenti invisibili, ovvero onde elettromagnetiche che agiscono su di noi come fanno tutte le altre luci, visibili e invisibili (l'ultravioletto e l'infrarosso). Non tutti i cristalli comunque sono adatti alla cristalloterapia: alcuni contengono e rilasciano elementi tossici o radioattivi come ad esempio alcuni tipi di meteoriti e di pietre contenenti uranio e torio (per esempio la Torbenite e l'Autunite).

Noi siamo partiti da tutta una serie di risultati concreti che ci hanno stimolato a portare avanti una ricerca in questo campo con il solo scopo di creare nuove possibilità terapeutiche utilizzando una delle più straordinarie magie della natura, le pietre appunto. Le conclusioni delle nostre ricerche le pubblichiamo in questo libro per confrontarle con le ricerche di altri Autori.

Quando parliamo di pietre utilizziamo questa parola per definire tutta una serie di formazioni diverse come minerali, cristalli, sassi, rocce o pietre preziose. Molti invece associano il termine pietre alle sole pietre preziose.

Tecnicamente col termine pietra si intende un qualsiasi frammento di roccia, normalmente di dimensioni contenute. Ci sono pietre che vengono definite minerali perché al loro interno contengono formazioni cristalline. Le formazioni cristalline sono aggregati di cristalli. Il cristallo (dal greco κρύσταλλος, krýstallos, ghiaccio) è un singolo individuo appartenente ad una sola specie cristallina, con una formula chimica precisa e un abito cristallino definito. Il cristallo presenta una struttura solida costituita da atomi, molecole o ioni aventi una disposizione geometricamente regolare che si ripete indefinitamente nelle tre dimensioni spaziali, detta *reticolo cristallino* o reticolo di Bravais. La presenza di tale organizzazione atomica può conferire al cristallo una forma geometrica definita. I cristalli si formano per solidificazione graduale di un liquido o per brinamento di un gas. La cristallizzazione può avvenire spontaneamente in natura o essere riprodotta artificialmente.

La maggior parte dei minerali sono policristallini, cioè sono composti da molti cristalli, anche se ciò non è di solito visibile a occhio nudo perché i singoli cristalli sono di dimensioni microscopiche. I solidi costituiti da un singolo cristallo (detti monocristalli) sono invece molto rari. I solidi non cristallini (come il vetro) sono detti cristalli amorfi.

La formazione e le caratteristiche di un cristallo dipendono dalla velocità e dalle condizioni della solidificazione (detta anche *cristallizzazione*). Ad esempio, i liquidi che formano il Granito vengono eruttati in superficie come lava vulcanica e si raffreddano in maniera relativamente lenta. Se il raffreddamento è più rapido si forma una roccia con cristalli non visibili ad occhio nudo detta *afanitica*. Il raffreddamento lento porta invece alla formazione di cristalli di grosse dimensioni.

Esistono sette differenti sistemi cristallini: il sistema Monoclino, Triclino, Rombico, Tetragonale, Esagonale, Trigonale e Cubico. Infine c'è un ottavo sistema che è quello Amorfo. Tali diversi sistemi cristallini conferiscono a ciascuno una vibrazione specifica. La materia infatti non è statica ma dinamica e "non piena". Immaginatevi il nucleo di un atomo grande come un pallone da calcio e ponetelo al centro di un campo da gioco. Immaginatevi ora l'elettrone che orbita intorno al nucleo grande come una pallina da ping pong e ponetelo sulla linea della porta. Questo può dare la percezione della non pienezza della materia. La materia, come lo spazio, è veramente vuota? La risposta è senz'altro sì. Questa "non pienezza" è riempita dai campi di forze e da particelle che trasmettono tali forze.

Possiamo usare indistintamente i termini pietra, cristallo o minerale per indicare qualsiasi composto stiamo descrivendo che sia di origine naturale e si presenti allo stato solido cristallino. Questo stato solido può essere originato dalla cristallizzazione di minerali e gas magmatici che si sono condensati per raffreddamento (energia vulcanica) oppure è derivato dalla decomposizione o dalla mutabilità di una roccia.

In base alle diverse composizioni e caratteristiche i minerali vengono suddivisi in Primari, Secondari e Terziari. I minerali *Primari* (o magmatici) sono quelli strettamente legati alle rocce primordiali ed ai fenomeni connessi alla loro formazione. I minerali *Secondari* (o sedimentari) sono più complessi ed hanno origine da processi di alterazione di vario tipo che coinvolgono minerali primari. I minerali *Terziari* (o metamorfici) sono quelli che si sono formati all'interno di rocce che hanno subito un cambiamento di forma attraverso il calore e la pressione, senza raggiungere la fusione (metamorfosi).

Di seguito l'elenco dei minerali più usati in cristalloterapia.

PRIMARI: Acquamarina, Agata, Ametista, Avventurina, Quarzo Citrino, Corniola, Fluorite, Labradorite, Lepidolite, Onice, Ossidiana, Pietra del Sole, Pietra di Luna, Pirite, Quarzo Rosa, Quarzo Fumé, Quarzo Ialino e Tormalina.

SECONDARI: Ambra (resina fossile), Aragonite, Azzurrite, Crisocolla, Diaspro, Legno Fossile silicizzato, Malachite, Opale, Rodocrosite e Turchese.

TERZIARI: Ematite, Giada, Granato, Lapislazzulo e Occhio di Tigre.

Il colore dei minerali determinato dalla luce è importante per le loro funzioni. La luce è una forma di energia che, irradiandosi da una determinata sorgente, si diffonde in ogni direzione. Se scindiamo un raggio luminoso nelle sue singole componenti cromatiche, otteniamo una sequenza di colori meravigliosi che vanno dal rosso all'arancione, al giallo, al verde, al blu e al viola. La natura ci offre questo spettacolo nell'arcobaleno, fenomeno nel quale i raggi luminosi si rifrangono nelle finissime gocce d'acqua presenti nell'atmosfera. Quando invece i vari raggi colorati vengono di nuovo fusi tra loro, si torna ad ottenere la luce bianca originale, che è la somma di tutti i colori dello spettro luminoso. Al contrario il nero è la totale mancanza di luce e quindi di colore. Quando i raggi luminosi incontrano un corpo, vengono da questo riflessi o assorbiti. Il colore del corpo dipende dalla lunghezza d'onda della luce riflessa e/o assorbita. Per questa ragione il colore di un minerale è determinato dalla sua capacità di assorbire specifiche frequenze luminose e rifletterne altre. Tale capacità è determinata dai suoi centri cromatici, costituiti da sostanze pigmentate provviste di carica elettrica (quasi sempre metalli) oppure da elettroni liberi presenti nel reticolo cristallino.

I colori producono in noi emozioni. Tutti i processi interiori interagiscono continuamente tra di loro, ponendo in essere fenomeni di natura energetica, come vedremo meglio più avanti. Le emozioni influenzano le attività fisiologiche dell'organismo, specialmente quelle neuro-endocrine-vegetative. Le emozioni che proviamo costituiscono quindi un tutt'uno con i processi metabolici e le reazioni chimiche del corpo. Da questo dipendono le nostre preferenze per determinati colori, che ci attraggono per la loro risonanza con le nostre percezioni emozionali.

Qui di seguito troverete una serie di minerali distinti per il colore e per le proprietà che vengono loro attribuite dagli esperti del settore. Si tratta di affermazioni tramandate nel tempo che fanno storcere il naso agli scienziati e per questo andrebbero riportate al condizionale con il beneficio del dubbio. Noi le citiamo per una forma di rispetto nei riguardi di tutti gli esperti che le hanno sperimentate e lavorano seriamente nel mondo delle pietre e per dare la maggior quantità di notizie a chi ne è interessato.

MINERALI NERI

I minerali neri assorbono tutta la luce e sono indicati per tutti i disturbi dovuti ad un eccesso di energia causato da ristagno o da blocchi. Cristalli come l'Onice e la Tormalina andrebbero a scaricare l'eccesso di energia facilitando il rilassamento e la distensione a livello psichico (arrivando a diminuire anche il dolore fisico).

MINERALI ROSSI

I minerali rossi vengono considerati fortemente stimolanti e in grado di infondere determinazione e accrescere l'attività mentale. Minerali come il Granato e il Rubino aiutano il radicamento e la stabilità. Inoltre facilitano il manifestarsi delle emozioni primordiali, rafforzano la tenacia e la perseveranza e incrementano la capacità di elaborare le esperienze vissute.

I minerali rosa come il Quarzo Rosa e la Morganite stimolano l'empatia e la compassione. Inoltre aiutano ad armonizzare le emozioni più opprimenti che sono spesso la causa degli attacchi d'ansia.

MINERALI ARANCIONI

I minerali arancioni sarebbero in grado di stimolare le emozioni di gioia e allegria, di contrastare gli stati di apatia e di favorire la creatività. Minerali come la Corniola e il Diaspro Arancione aiuterebbero a sviluppare la fiducia in sé stessi e la capacità di prendere decisioni.

MINERALI GIALLI

I minerali gialli sono considerati capaci di infondere coraggio, sicurezza ed ottimismo, di rendere il soggetto conscio dei propri bisogni e desideri, aiutandolo ad affrontare con determinazione i momenti più difficili. Minerali come l'Occhio di Tigre e il Quarzo Citrino rafforzano la volontà, sostengono l'estroversione e aiutano a superare gli stati depressivi.

MINERALI VERDI
I minerali verdi sono ritenuti in grado di svolgere un'azione armonizzante sia a livello fisico che psichico. Hanno un effetto liberatorio sulle emozioni particolarmente intense come la rabbia e stimolano l'apertura verso gli altri. Minerali come la Malachite e la Giada aiutano ad esprimere liberamente le emozioni dovute anche a traumi lontani nel tempo, portando calma e serenità.

MINERALI AZZURRI e BLU
I minerali azzurri e blu avrebbero un effetto tranquillizzante e rilassante, aiutando a superare la timidezza e a trovare il coraggio per esprimere i sentimenti e i desideri. Minerali come il Lapislazzulo e il Turchese aiutano la comunicazione con gli altri e la presa di coscienza di ciò che ostacola il nostro benessere.

MINERALI VIOLA
I minerali viola sono considerati capaci di svolgere un'azione purificatrice. Aiutano a mantenere la concentrazione e stimolano la volontà di apprendere nuove conoscenze, inoltre favoriscono la comunicazione fra il conscio e l'inconscio. Minerali come l'Ametista e la Fluorite Viola sono indicati per praticare la meditazione e per aumentare l'attività onirica.

MINERALI BIANCHI e TRASPARENTI
I minerali bianchi e quelli trasparenti hanno la caratteristica di non assorbire alcuna frequenza luminosa, riflettendo quindi la luce all'esterno. La loro proprietà è quella di rafforzare e far emergere tutto ciò che è presente dentro di noi. Minerali come la Selenite e il Quarzo Ialino

stimolerebbero le facoltà percettive e rafforzerebbero la capacità di esprimere i talenti personali.

Esistono specie di minerali che all'interno della loro struttura cristallina contengono anche quelli che generalmente chiamiamo metalli: rame, oro, argento, ferro, ecc.

Tali minerali, per questa presenza, possiedono proprietà come la *piezoelettricità* e la *piroelettricità*. Con piezoelettricità si intende la capacità di certi cristalli di polarizzarsi elettricamente in conseguenza di una deformazione meccanica di natura elastica (effetto piezoelettrico diretto), viceversa si deformano elasticamente se sottoposti all'azione di un campo elettrico (effetto piezoelettrico inverso). Il segno della polarizzazione si inverte a seconda che la deformazione sia dovuta a una compressione o a una trazione. La piroelettricità è la proprietà di alcuni cristalli, di generare una variazione di polarizzazione elettrica a seguito di un cambiamento di temperatura (riscaldamento o raffreddamento). Infatti la variazione di temperatura modifica leggermente la posizione di alcuni atomi nella struttura cristallina e ciò determina il temporaneo cambiamento della polarizzazione elettrica del minerale.

Le pietre sono in grado di emettere energia elettromagnetica. Per energia intendiamo quella grandezza fisica che misura la capacità di un corpo o di un sistema fisico di compiere lavoro, a prescindere dal fatto che tale lavoro sia o possa essere effettivamente svolto.

Facciamo una breve carrellata dei tipi di energia che nello specifico sono: energia meccanica (classicamente come somma di energia potenziale ed energia cinetica), energia chimica, energia elettromagnetica, energia gravitazionale, energia idrica, energia termica ed energia nucleare.

Nei reticoli cristallini i movimenti rotatori degli elettroni intorno al nucleo emettono energia, nel senso che creano mini campi elettromagnetici. Ogni cristallo vibra e lo fa ad una frequenza particolare producendo uno specifico campo elettromagnetico che rappresenterebbe quindi la sua personale energia elettromagnetica. Questa energia elettromagnetica sarebbe dunque in rapporto con la struttura chimica del cristallo, cioè dei suoi componenti. In un lavoro del geologo Roberto Chiari, docente all'Università di Parma, si dimostrerebbe la presenza di una fonte di energia elettromagnetica nelle pietre soprattutto quelle contenenti formazioni cristalline. Questa presenza è stata riaffermata nel corso di un Seminario di Archeoastronomia a Genova nel febbraio del 1998.

Tali campi elettromagnetici sarebbero in grado di interagire con la materia circostante, anche quella dei nostri corpi. Allora, se un cristallo o meglio un reticolo cristallino vibra ed emette un campo elettromagnetico, questo campo può interagire ed influenzare il campo elettromagnetico prodotto biologicamente dalle nostre cellule. Infatti il corpo umano produce e conduce onde elettromagnetiche (come in egual modo la terra ed i suoi campi elettromagnetici).

Basti pensare a quelle prodotte dal cuore rilevabili con l'elettrocardiogramma (ECG) o quelle prodotte dal cervello, rilevabili con l'elettroencefalogramma (EEG). Come emerge da vari studi, possiamo affermare che ogni essere vivente è una perfetta macchina elettromagnetica, un ricevitore, un condensatore, un trasformatore ed un'emittente sensibile alle armonie del cosmo.

Tutto quello che avviene nel nostro corpo infatti è prodotto da attività elettriche dei neuroni del sistema nervoso e dalle attività metaboliche cellulari che generano campi elettromagnetici.

Nota quindi la composizione del cristallo, e di conseguenza la sua energia vibrazionale (il campo elettromagnetico), abbiamo l'indicazione di come possa interagire con il campo elettromagnetico prodotto biologicamente dall'organismo.

Accertato che i cristalli hanno una specifica energia, se ne deduce che individuando il cristallo giusto, questo possa in qualche modo correggere la vibrazione disarmonica di una funzione malata e per "risonanza" (attraverso gli effetti del campo elettromagnetico) aiutarla nella guarigione.

Il cristallo di per sé è solo un emettitore stabile che può essere paragonato al diapason usato per accordare uno strumento. Il problema è quello di individuare il cristallo giusto per quel determinato tipo psicologico di personalità (funzione armonizzante) o per quel determinato disturbo (funzione curativa).

Pietre e cristalli possono presentarsi in varie forme naturali o lavorate, che ne determinano l'utilizzo. È utile conoscere le forme e le loro caratteristiche, in modo da poter scegliere la tipologia più adatta al loro uso in ogni situazione.

Le forme e il posizionamento delle pietre sono determinanti per la loro azione. È necessario a questo punto sottolineare che forme o posizionamenti errati potrebbero essere causa anche di effetti negativi.

Le principali forme di pietre usate in cristalloterapia sono: Druse, Geodi, Punte ad una terminazione, Punte biterminate, Piramidi, Sfere, Pietre grezze e Pietre burattate.

Drusa di Ametista

Le *Druse* sono agglomerati di cristalli, costituiti da varie formazioni dello stesso sistema cristallino cresciute sulla medesima base.

Si presentano in varie misure su una base di matrice rocciosa di forma piatta. In generale le druse si usano per purificare ed armonizzare gli ambienti. Le druse di Quarzo Ialino o di Ametista vengono utilizzate anche per purificare le altre pietre semplicemente posizionando il minerale che si vuole purificare sopra la drusa. Inoltre possono risultare un valido supporto nella pratica della meditazione, in quanto aiutano a mantenere la coscienza in uno stato di leggera trance.

Geode di Calcedonio Azzurro

I *Geodi* sono cavità di roccia che hanno avuto origine da bolle di gas e al loro interno si sono ricoperte di formazioni cristalline.

Esistono di varie dimensioni, da pochi centimetri a vere e proprie grotte. Come la drusa, anche il geode è utilizzato per facilitare la meditazione e alcuni tipi (geode di Ametista o di Quarzo Ialino) possono essere utili per purificare i cristalli, inserendoli al loro interno.

Punta di Fluorite Arcobaleno

Le *Punte di Cristallo ad una terminazione* sono cristalli a forma di colonna e terminano a una delle estremità con una punta piramidale più o meno regolare mentre l'altra estremità era collegata alla base del cristallo su cui hanno avuto origine. Sono tra i più importanti cristalli usati in cristalloterapia, in quanto la punta concentra l'energia e aiuta a direzionarne il flusso (ad esempio ad un organo fisico o ad un chakra). Se la punta viene orientata verso l'esterno del corpo, aiuta a liberarsi dalle energie disarmoniche e dalle tensioni accumulate. Se invece la punta viene direzionata verso l'interno del corpo svolge un'azione di "ricarica energetica", creando un continuum tra l'energia del corpo e quella dell'Universo.

Punta Biterminata di Quarzo Citrino

Le *Punte di Cristallo biterminate* hanno le due estremità che terminano a forma di punta piramidale.
Nei cristalli biterminati l'energia scorre in entrambi i sensi, la punta più affilata e appuntita emette energia maschile, quella più rotonda e meno spigolosa energia femminile. Pertanto la loro proprietà fondamentale è quella di ricreare equilibrio. Sono indicati per tutti i trattamenti volti a sanare i conflitti interiori (per esempio fra Anima e coscienza, tra desiderio di agire e paura di sbagliare). Inoltre facilitano la comunicazione tra i due emisferi del cervello. Sono caratterizzati da un'estrema rapidità d'azione e sono molto utili anche in corso di meditazione per recuperare l'equilibrio psicofisico.

Piramide di Shungite

La *Piramide* è una forma geometrica che produce un campo di energia forte, stabile ed equilibrato.
A volte è possibile trovare in natura cristalli a forma piramidale regolare, ma più frequentemente tale forma è data dalla lavorazione dell'uomo. È molto apprezzata nella cristalloterapia per favorire la meditazione e il rilassamento. Sono consigliate prevalentemente per armonizzare l'ambiente, in quanto costituiscono una riserva fin troppo potente di energia, per essere posizionate direttamente sul corpo.

Sfera di Quarzo Rosa

Le *Sfere* venivano utilizzate fin dall'antichità da saggi e guaritori come strumenti divinatori o terapeutici perché creano campi protettivi grazie a vibrazioni energetiche avvolgenti.

Infatti l'energia della sfera si manifesta in un movimento a forma di spirale. Hanno proprietà equilibranti ed armonizzanti. Possono essere impiegate in corso di meditazione, poste sui chakra o sui meridiani dell'agopuntura. Vengono utilizzate anche per massaggi destinati a ridurre la tensione fisica. In natura non esistono cristalli di forma sferica perfetta, quelli esistenti vengono ricavati dall'intervento umano.

Varie Pietre Grezze

Le *Pietre grezze* sono pietre naturali che non sono state sottoposte ad alcun tipo di lavorazione.

Anche se mantenute allo stato grezzo, sono ugualmente molto belle e rappresentano un richiamo a rispettare la natura. Nessuna pietra grezza è uguale all'altra; sono uniche e proprio grazie alla loro unicità sono molto apprezzate per la meditazione e l'armonizzazione degli ambienti.

Varie Pietre Burattate

Le *Pietre burattate,* come vengono propriamente definite, si ottengono attraverso la lavorazione dei minerali grezzi in apposite macchine dette appunto, burattatrici.

Nelle burattatrici vengono inseriti frammenti grezzi, o preformati, dei minerali che vogliamo burattare, mescolati con polveri abrasive ed acqua. Le polveri abrasive impiegate dipendono dalla durezza della pietra da trattare e dalla fase di lavorazione che si sta operando. Per le prime fasi si utilizza solitamente carburo di silicio con una grana sempre più fine man mano che la pietra viene levigata mentre per la lucidatura finale si utilizzano normalmente ossidi di alluminio o di cerio.

Le pietre burattate vanno bene per la cristalloterapia? La questione è spinosa e i pareri piuttosto contrastanti. In linea generale le pietre burattate vanno bene in cristalloterapia. Molti ritengono però che la pietra lavorata perda in energia dopo la "tortura" a cui viene sottoposta, quindi, se a livello estetico è migliore, non si può dire lo stesso dal punto di vista terapeutico energetico. È però utile specificare che alcune pietre grezze risultano avere una carica energetica troppo forte per essere posizionate direttamente sul corpo. Le pietre e i cristalli che comunemente troviamo nei negozi sono generalmente semi-lavorati o lavorati.

Fin qui abbiamo diversificato tecnicamente il significato dei termini rocce, minerali, cristalli, resine e legni fossili. Da questo momento in poi per praticità useremo il termine pietre per indicare tutti i composti che utilizzeremo nella nostra cristalloterapia personalizzata.

SECONDO CAPITOLO
Tipi psicologici di personalità

Ho bisogno di trasformare la mia Anima in pietra.
Poi insegnare a me stessa a vivere di nuovo.
(Anna Andreevna Achmatova)

Il nostro viaggio alla ricerca della pietra di personalità, il simillimum dell'omeopatia, inizia con la classificazione dei *Tipi Psicologici di Personalità*. Per fare questo è necessario definire per prima cosa il termine personalità. *Personalità* deriva dal latino persona, cioè "maschera dell'attore". È l'immagine che diamo e che abbiamo di noi stessi, il volto con cui ci mostriamo e che esprime o cela quanto avviene nel profondo. La personalità è fatta di pensieri, emozioni e comportamenti che rendono ogni persona unica. È il proprio modo di vedere, comprendere e relazionarsi con il mondo esterno, così come pure il modo in cui vediamo noi stessi. La personalità inizia a formarsi durante l'infanzia, attraverso l'interazione tra fattori ereditari (temperamento) e ambientali (carattere).

La parola *temperamento* deriva da "temperare" che significa mescolare in giusta proporzione, ad esempio la tecnica con cui i pittori mescolavano i colori per ottenere le varie tonalità. Il temperamento racchiude in sé gli aspetti innati, trasmessi geneticamente, non mediati dalla cultura che sono l'espressione diretta di precise caratteristiche mentali.

Carattere viene dalla parola greca "character" che significa impronta, segno distintivo. Il carattere deriva dall'ambiente che esercita la sua influenza durante l'infanzia e l'adolescenza ed è quindi legato alla storia di ognuno e al patrimonio culturale acquisito durante lo sviluppo.

Ognuno di noi ha una propria personalità, cioè una personale modalità di relazionarsi con gli altri e con gli eventi. Per esempio, alcune persone reagiscono a situazioni problematiche cercando aiuto mentre altri preferiscono fronteggiare le stesse situazioni difficoltose in totale autonomia. Alcuni individui minimizzano i problemi mentre altri li amplificano. In ogni caso tutti cercano di adattarsi efficacemente alle diverse situazioni della vita assumendo una modalità alternativa quando lo stile abituale di comportamento risulta inefficace. Le persone equilibrate sono abbastanza flessibili a seconda delle circostanze. In alcuni momenti è utile essere più dipendenti o passivi del solito, mentre in altri sarà più utile essere dominanti. In ogni caso ciascuno di noi ha un temperamento determinato geneticamente che attraverso l'educazione ricevuta nell'infanzia può subire delle modifiche in meglio o in peggio pur mantenendo le sue caratteristiche essenziali.

La personalità è il prodotto finale: sintesi tra il temperamento e le aggiustature che ad ogni tipo di temperamento vengono dall'educazione (carattere).

L'interazione tra carattere e temperamento varia tra individuo e individuo ma il risultato di numerosi studi scientifici dimostra che le personalità possono essere raggruppate in un limitato numero di tipi. Non esiste ancora un accordo preciso fra studiosi sul numero dei tipi di personalità. A seconda dei ricercatori, il numero varia tra dieci e quindici. Noi abbiamo scelto una classificazione composta da quindici tipi psicologici di personalità, suddivisi in tre gruppi in base agli atteggiamenti comportamentali: *Reattivi, Riflessivi* ed *Emotivi*.

Questa classificazione dei tipi psicologici di personalità parte da una lunga serie di ricerche sull'argomento fatte da Fabio Norcia. Fiammetta Baldassini ha confrontato questa classificazione con la sua casistica di oltre 20 anni di ricerche sulla cristalloterapia. Partendo da questo confronto è stato possibile fare una scelta molto accurata dei cristalli da abbinare a ciascun tipo psicologico di personalità.

È stato un lavoro che ha coinvolto soggetti considerati "normali" in base a tutta una serie di parametri: emozioni (positive), espressione del volto (sorridente), rapporto con gli altri (presente, di collaborazione e soddisfacente), sogni (piacevoli o assenti), progetti (reali e organizzati) e buona salute fisica.

Generalmente tutti noi apparteniamo ad uno specifico tipo psicologico di personalità. Talvolta può non essere semplice scoprirlo e occorre ricercarlo con molta accortezza.

Ciascuno di noi può presentare infatti i tratti di uno o più tipi psicologici di personalità ma generalmente c'è un tipo che predomina sugli altri. Se sono presenti nello stesso soggetto più tipi, bisogna fare riferimento a quello che è maggiormente rappresentato.

È necessario precisare che i tipi di personalità rispecchiano modi equilibrati di esprimersi e non vanno confusi con i disturbi di personalità che sono l'espressione di patologie psichiatriche più o meno gravi. Ci sono Autori che non distinguono i tipi di personalità dai disturbi di personalità accorpandoli tutti nel capitolo delle patologie. È assolutamente da contrastare questa visione che praticamente ci fa tutti malati. Appartenere ad un tipo di personalità non significa affatto essere malato ma solamente avere le caratteristiche psichiche comuni a quello specifico tipo di personalità. Si tratta di comportamenti che pur essendo diversi nei vari tipi di personalità sono sempre comportamenti normali. Riprenderemo più avanti il rapporto tra tipi di personalità e disturbi di personalità.

Per individuare il vostro tipo psicologico di personalità, vi consigliamo di scegliere un luogo tranquillo e silenzioso dove potervi rilassare possibilmente concentrandovi sulla respirazione per mettere da parte tutti i pensieri che affollano la mente. A questo punto leggete con attenzione la descrizione dei vari tipi psicologici di personalità riportati nella tabella qui sotto. Leggetela anche più volte prima di decidere con certezza a quale tipo psicologico di personalità appartenete. Talvolta non è possibile scoprire da soli il tipo di personalità di appartenenza. In questi casi è necessario rivolgersi ad un esperto del settore che aiuterà a definirlo con precisione.

TIPI PSICOLOGICI DI PERSONALITÀ

Personalità Reattive
Personalità Istrionica
Persone espressive ed estroverse che tendono istintivamente a mettersi al centro dell'attenzione
Personalità Narcisistica
Persone ambiziose che credono in sé stesse e curano molto la loro immagine
Personalità Rivoluzionaria
Persone che tendono a contestare il sistema, coraggiose e amanti del rischio
Personalità Diffidente
Persone tendenzialmente sospettose e caute, spesso impegnate nel sociale

Personalità Riflessive
Personalità Riservata
Persone molto riservate che amano talvolta stare in solitudine
Personalità Prudente
Persone tendenzialmente timide, prudenti e attente al giudizio degli altri
Personalità Solidale
Persone predisposte alla solidarietà, bisognose di affetto e comprensione
Personalità Etica
Persone altruiste disposte alla rinuncia per il bene degli altri
Personalità Dubbioso – Riflessiva
Persone disponibili a confrontare le loro opinioni con quelle degli altri e a prendere in considerazione il parere di tutti
Personalità Emotive
Personalità Perfezionista
Persone tendenzialmente perfezioniste e precise, affidabili, pratiche e scrupolose
Personalità Mutevole
Persone che cambiano facilmente le loro scelte
Personalità Sognatrice
Persone schive, creative, sognatrici con una ricca vita interiore, buoni soggetti ipnotici che accettano facilmente i consigli

Personalità Eccentrica
Persone sensibili, intuitive e originali spesso interessate al mondo magico, tendenzialmente solitarie
Personalità Decisa
Persone che presentano sicurezza nelle loro scelte e che non si lasciano convincere facilmente
Personalità Reattivo – Emotiva
Persone sensibili, comprensive, spesso con talento artistico che passano facilmente da atteggiamenti malinconici ad allegri

Qui di seguito trovate i tipi psicologici di personalità descritti dettagliatamente. Se avete già individuato il vostro tipo di personalità, una sua descrizione più particolareggiata può esservi utile come fonte di ulteriori informazioni per la vostra crescita personale. Se invece non siete sicuri di quale sia il vostro tipo di personalità, questo approfondimento vi potrà aiutare nella scelta.

PERSONALITÀ REATTIVE

PERSONALITÀ ISTRIONICA
Coloro che presentano questo tipo di personalità sono persone particolarmente espressive ed estroverse che tendono istintivamente a mettersi al centro dell'attenzione. Sono persone socialmente molto attive e partecipi che amano creare aggregazione tra gli individui. Si impegnano a far divertire gli altri raccontando storie, barzellette ed anche episodi della propria vita. Sono potenzialmente dei bravi attori che cercano di mettere in evidenza le loro capacità. Appaiono generalmente affascinanti e piacevoli, capaci di coinvolgere il gruppo nel divertimento e creare emozioni per sé stessi e per gli altri. Amano seguire la moda

e vestire in modo particolarmente curato per suscitare l'ammirazione altrui.

PERSONALITÀ NARCISISTICA

Coloro che presentano questo tipo di personalità sono persone che credono in sé stesse, sono consapevoli del proprio valore e portano avanti con coraggio i propri progetti. Sono ambiziose e sanno farsi valere nella vita pur nel rispetto degli altri. Curano il loro aspetto fisico e spesso si dedicano ad attività di fitness perché vogliono sempre apparire nella forma migliore. Sono particolarmente attente al modo di vestire.

PERSONALITÀ RIVOLUZIONARIA

Coloro che presentano questo tipo di personalità sono persone che si interessano molto al sociale. Prendono a cuore le problematiche altrui e cercano soluzioni per risolvere i vari problemi. Sono critiche nei confronti del potere quando mostra di non agire nell'interesse della comunità. Spesso sono portatori di idee nuove per lo sviluppo sociale. A volte sono dei veri rivoluzionari ma in ogni caso tutti hanno dentro di sé un alto senso della giustizia. Esprimono con coraggio le proprie idee e le loro visioni. Non mettono al centro dell'attenzione loro stessi e la loro immagine. Sono parsimoniosi specialmente quando si tratta di spendere per sé stessi.

PERSONALITÀ DIFFIDENTE

Coloro che presentano questo tipo di personalità sono persone che stanno molto in guardia nei confronti degli altri e non si dimostrano molto espansivi. Sono in ogni caso disponibili ad aiutare gli altri se in difficoltà, spesso attraverso la partecipazione ad associazioni di volontariato. Offrono l'amicizia e si aprono agli altri con molta cautela.

Rischiano per questo di rimanere soli ma non fanno nessuno sforzo per creare nuove amicizie.

PERSONALITÀ RIFLESSIVE

PERSONALITÀ RISERVATA

Coloro che presentano questo tipo di personalità sono persone molto riservate che preferiscono la solitudine ad una vita sociale di incontri e di relazioni. Per questo generalmente frequentano pochissimi amici. Hanno un buon rapporto con sé stessi e dedicano la maggior parte del loro tempo a realizzare i propri desideri. Curano l'abbigliamento e la casa. Danno poca importanza alle opinioni altrui.

PERSONALITÀ PRUDENTE

Coloro che presentano questo tipo di personalità sono persone tendenzialmente timide e attente ai giudizi degli altri. Sono prudenti nelle scelte e riflettono molto prima di realizzare un qualsiasi progetto. Sono caute nelle decisioni e ascoltano con attenzione il parere degli atri. Sono sobrie e attente nel vestire per non suscitare critiche da parte degli altri.

PERSONALITÀ SOLIDALE

Coloro che presentano questo tipo di personalità sono persone socievoli, disposte ad aiutare gli altri ma anche bisognose di affetto. Per questo non amano stare da sole, cercano di soddisfare le esigenze degli altri e accrescere il numero delle amicizie. Sono buoni ascoltatori dei problemi altrui ed è per questo che suscitano facilmente la simpatia di amici e conoscenti. In cambio chiedono di non essere lasciati troppo soli. Amano circondarsi di animali anche solo di peluche.

PERSONALITÀ ETICA

Coloro che presentano questo tipo di personalità sono persone che dedicano gran parte della propria vita ad interessarsi e a risolvere i problemi degli altri. Sono disponibili ad intervenire quando c'è bisogno del loro aiuto e per questo sono tenuti in gran considerazione. Talvolta dimenticano i loro problemi per concentrarsi sui problemi altrui. Il campo della salute affascina particolarmente questi soggetti che spesso lavorano come medici, infermieri e assistenti sociali. Sono coinvolti nelle problematiche sociali e si adoperano per creare un mondo migliore.

PERSONALITÀ DUBBIOSO – RIFLESSIVA

Coloro che presentano questo tipo di personalità sono persone dubbiose di fronte alle proprie scelte e per questo desiderose di confrontarsi e di chiedere consigli agli altri. Sono molto socievoli anche perché sentono il bisogno di ascoltare il parere di più persone prima di realizzare un progetto. Riflettono molto prima di prendere una decisione, cosa che fanno anche nei confronti di chi chiede loro un parere sui propri problemi. All'apparenza non sono buoni consiglieri perché creano dubbi ma alla fine possono rivelarsi di grande aiuto perché scoprono con facilità i punti deboli di un progetto.

PERSONALITÀ EMOTIVE

PERSONALITÀ PERFEZIONISTA

Coloro che presentano questo tipo di personalità sono persone particolarmente ordinate per tutto ciò che riguarda il vestiario, la casa e l'ufficio. Non sopportano il disordine che crea in loro un notevole senso di malessere. Per questo amano circondarsi di persone con cui hanno in comune il senso dell'ordine. Sono attente alle scelte che valutano con molta attenzione e che organizzano con molta precisione.

Sono affidabili e disponibili anche ad organizzare al meglio i progetti degli altri. Hanno un forte senso dell'igiene e sono particolarmente attente a non contrarre infezioni.

PERSONALITÀ MUTEVOLE

Coloro che presentano questo tipo di personalità sono persone che cambiano facilmente opinione. Spesso rimettono in discussioni scelte già fatte a favore di nuove visioni. Per questo appaiono inaffidabili ma vista da vicino la loro inaffidabilità deve essere letta come una paura eccessiva di sbagliare. Sono pronti non solo a riconoscere la loro mutevolezza ed i loro improvvisi cambiamenti di rotta ma anche disponibili a rimediare ad eventuali danni che commettono nei confronti degli altri.

PERSONALITÀ SOGNATRICE

Coloro che presentano questo tipo di personalità sono persone molto sensibili che vivono in una situazione di lieve ipnosi continua. Il loro mondo diventa così slegato dalla realtà. Questo permette loro grande creatività artistica, filosofica e scientifica. Molti di loro sono degli scopritori. Sanno immedesimarsi nelle vite degli altri e comprenderne gioie e dolori. Sono buoni soggetti ipnotici tanto da finire facilmente per cadere nelle lusinghe delle proposte delle pubblicità. Talvolta rischiano di cadere nelle mani di abili truffatori.

PERSONALITÀ ECCENTRICA

Coloro che presentano questo tipo di personalità sono persone che reagiscono con grande emozione agli avvenimenti esterni.

Si immedesimano nelle problematiche altrui con una partecipazione emotiva notevole. Hanno bisogno di una vita tranquilla e priva di ostacoli. Sono sensibili ai rimproveri e alle critiche. Proprio per la loro grande sensibilità preferiscono la solitudine. Sono persone fantasiose e talvolta eccentriche nel vestire. La loro capacità intuitiva le porta ad essere attratte dal mondo del soprannaturale.

PERSONALITÀ DECISA

Coloro che presentano questo tipo di personalità sono persone che sanno quello che vogliono e non sentono il bisogno di confrontarsi con gli altri per ricevere aiuto o consigli. Possono sembrare presuntuosi ma in realtà non chiedono il parere degli altri perché pienamente convinti di farcela da soli. Sono portati a dare consigli agli altri ma lo fanno con grande cautela, conquistando la fiducia specialmente delle persone dubbiose e insicure.

PERSONALITÀ REATTIVO - EMOTIVA

Coloro che presentano questo tipo di personalità sono persone altamente emotive capaci di passare velocemente dalla gioia alla tristezza perché altamente condizionate dagli eventi esterni che modificano facilmente il loro umore nel bene e nel male. Sono molto comprensivi delle vicende umane fino ad essere facilmente coinvolti dalle problematiche degli altri che vivono come se fossero le proprie. Sono buoni narratori di storie e sanno affascinare con i loro racconti. Mostrano talento artistico soprattutto nel campo della letteratura, del teatro e della cinematografia.

TERZO CAPITOLO
I tipi psicologici di personalità e le pietre

Ad ogni Anima
la sua pietra.
(Anonimo)

La classificazione da noi proposta dei tipi psicologici e dei disturbi di personalità (che tratteremo nel prossimo capitolo) è il primo step per affrontare in un modo personalizzato il trattamento dei piccoli e grandi problemi psichici con l'utilizzo delle pietre. Fino ad oggi tutti i manuali di cristalloterapia attribuivano a ciascuna pietra la capacità di intervenire su di un singolo disturbo mentale o fisico, senza tenere conto della personalità del soggetto in questione. Noi abbiamo intrapreso una via che mettesse al centro della scelta proprio la personalità dei soggetti. Dopo aver individuato 15 tipi psicologici di personalità abbiamo abbinato a ciascuno una pietra capace di sintonizzarsi sulle sue caratteristiche per esaltarle e riequilibrarle. Proprio come il simillimum delle terapie omeopatiche, la pietra di personalità corregge in profondità qualunque disarmonia. Ciascun tipo psicologico di personalità ha così un tipo di pietra che si inserisce nell'equilibrio psichico del soggetto appartenente a quel tipo psicologico. Tale pietra entra in sintonia con i circuiti elettromagnetici delle emozioni per contribuire a rendere il sistema di salute mentale e fisica il più efficiente possibile.

Le pietre di personalità sono state estrapolate attraverso tutta una serie di esperienze con persone che hanno collaborato con noi nella ricerca di una pietra specifica per il loro tipo psicologico.

Scegliere il simillimum nel campo delle pietre ha richiesto una duplice buona preparazione nel campo della psicologia e nel campo della cristalloterapia. Abbiamo cercato di confrontarci con molta disponibilità e umiltà per condividere le nostre rispettive conoscenze. Ciascuno di noi è stato maestro e allievo dell'altro. Fabio ha portato la sua esperienza nel campo delle neuroscienze e della psicologia per tipizzare i soggetti che mostravano interesse e desiderio nell'utilizzo delle pietre. Fiammetta ha proposto la sua conoscenza delle tecniche di cristalloterapia perché da molti anni studia il mondo delle pietre e il loro rapporto con gli equilibri psichici e fisici.

Una volta stabilito il tipo psicologico di personalità del soggetto in esame è possibile risalire a quella che abbiamo definito come la pietra specifica per il suo tipo di personalità. Questa pietra lo accompagnerà per tutta la vita e contribuirà a mantenere il suo organismo in uno stato di equilibrio anche nelle situazioni difficili. È consigliabile portarla addosso sotto forma di collana, bracciale o anello, ma anche in tasca o in borsa.

Abbiamo scelto quindici pietre da noi definite come pietre di personalità, da abbinare ai quindici tipi psicologici di personalità nei quali abbiamo suddiviso la popolazione.

Nella tabella abbiamo schematizzato gli abbinamenti tra i tipi psicologici di personalità e le pietre che li rappresentano.

TIPI DI PERSONALITÀ	PIETRE DI PERSONALITÀ
Personalità Reattive	
Personalità Istrionica	Fluorite Arcobaleno
Personalità Narcisistica	Ambra
Personalità Rivoluzionaria	Diaspro Nebula
Personalità Diffidente	Occhio di Tigre
Personalità Riflessive	
Personalità Riservata	Lepidolite
Personalità Prudente	Turchese
Personalità Solidale	Quarzo Rosa
Personalità Etica	Malachite
Personalità Dubbioso - Riflessiva	Septaria
Personalità Emotive	
Personalità Perfezionista	Onice Nero
Personalità Mutevole	Pietra del Sole
Personalità Sognatrice	Ametista
Personalità Eccentrica	Pietra di Luna
Personalità Decisa	Granato
Personalità Reattivo - Emotiva	Labradorite

Di seguito abbiamo inserito le schede dettagliate delle pietre, nell'ordine riportato in questa tabella, con le informazioni più importanti riguardo alla loro attività sulla salute mentale e fisica. Si consiglia di leggere le notizie della propria pietra con attenzione perché possono essere di grande aiuto per ottenere un miglior risultato.

LE SCHEDE

DELLE PIETRE DI PERSONALITÀ

Fluorite Arcobaleno

Personalità istrionica

Processo di formazione prevalentemente Primario
Sistema cristallino Cubico
La mineralogia della Fluorite è particolarmente interessante perché è una di quelle pietre che si può formare in un ambiente primario, secondario o terziario. I giacimenti più importanti restano comunque quelli di origine magmatica. Per questo motivo viene considerata una pietra nata da un processo litogenetico primario. La formazione secondaria che avviene grazie a degli acidi liberati dai processi disgregativi è quella più rara.

Benefici

La Fluorite Arcobaleno ti aiuta ad essere meno dipendente dagli altri per realizzare i tuoi desideri. Libera le emozioni che non riesci a fare emergere e ti permette di esprimere chiaramente le tue idee. Toglie le paure che ti spingono ad avere atteggiamenti troppo invadenti. Accresce la tua creatività e contribuisce a farti trovare la felicità esclusivamente dentro di te. A livello organico riequilibra le attività di tutti gli organi costretti a lavorare sempre con ritmi eccessivi.

Ambra

Personalità narcisistica

Processo di formazione Secondario
Sistema cristallino Amorfo
L'Ambra erroneamente considerata una pietra, è in realtà una resina fossile. Il suo processo di formazione può avere una durata che va da 100.000 anni fino a 320 milioni di anni. Questa resina fossile è un vero e proprio tesoro della natura. Non a caso si dice che al suo interno è racchiusa tutta la saggezza della terra.
Il termine "Ambra" è utilizzato per indicare le resine fossili di qualsiasi albero ma in realtà è solo quella prodotta dalle conifere dopo aver subito un processo di fossilizzazione e di mineralizzazione nel tempo. Spesso all'interno dell'Ambra sono presenti piccoli insetti, bolle d'aria, aghi di pino o altro materiale organico.

Benefici

L'Ambra porta equilibrio nella tua sfera emozionale. Aumenta la predisposizione mentale a nuove scoperte e interessi in collaborazione con gli altri. Inoltre ti aiuta ad avere una percezione serena di te e ad interessarti maggiormente ai problemi delle persone che ti circondano perché stimola l'altruismo, la saggezza e l'empatia. Riduce lo stress e riequilibra tutte le attività organiche.

Diaspro Nebula

Personalità rivoluzionaria

Processo di formazione Secondario
Sistema cristallino Trigonale
Il Diaspro Nebula è un tipo di diaspro poco conosciuto. È caratterizzato infatti da cerchi scuri, come dei vortici formati dalla presenza nel sistema cristallino di stromatoliti, antiche colonie fossilizzate create da cianobatteri (alghe blu-verdi) e altri microrganismi primordiali.

Benefici

Il Diaspro Nebula ha come caratteristica principale la capacità di rilassare la mente, calmando i pensieri che la agitano e la tormentano. È una pietra che porta equilibrio e stabilità donando un senso di pace e sicurezza personale utili per riflettere con lucidità e scegliere i comportamenti migliori. È adatto alla meditazione per recuperare l'antica saggezza delle nostre radici. Ti aiuta a fare un bilancio di quelli che sono i tuoi comportamenti per evitare gli atteggiamenti ribelli che possono arrivare anche all'aggressività. Facilita lo sviluppo del concetto di rispetto per potere realizzare al meglio i bisogni della comunità.

Occhio di Tigre

Personalità diffidente

Processo di formazione Terziario
Sistema cristallino Trigonale
L'Occhio di Tigre appartiene al gruppo dei quarzi pur non essendo una pietra vulcanica. Nello specifico l'Occhio di Tigre è una varietà di quarzo color oro con striature più scure al centro, dovute a inclusioni aghiformi e parallele di crocidolite, responsabili del particolare effetto ottico che lo rende simile all'iride dell'occhio.

Benefici

L'Occhio di Tigre ti aiuta a superare i momenti di difficoltà, a non perdere il coraggio e la fiducia in te stesso e negli altri. Ti permette di difenderti da situazioni opprimenti e da pericoli reali o presunti. Accresce lo spirito d'iniziativa ed è particolarmente indicato per le persone che tendono ad un'eccessiva cautela che li ostacola a tradurre la volontà e i desideri in azione. Per questo viene definita "la pietra della fiducia e della volontà". Agisce anche sugli stati di ansia ricreando equilibrio negli organi soprattutto a livello digestivo.

Lepidolite

Personalità riservata

Processo di formazione Primario
Sistema cristallino Monoclino
La Lepidolite è caratterizzata da una struttura a strati e
una perfetta sfaldatura. Si forma sia nelle pegmatiti (rocce
Ignee appartenenti alla famiglia del Granito, originatesi
durante le fasi finali della cristallizzazione del magma)
che nei geodi di alcuni greisen (rocce magmatiche che
hanno subito l'azione di fluidi ricchi di fluoro).

Benefici

La Lepidolite ti aiuta a comprendere la differenza tra i
concetti di autonomia e isolamento. Stimola il contatto
con gli altri pur preservando la propria individualità e
facilitando così i sani rapporti di interazione. Aumenta la
tua capacità di concentrazione sui tuoi obiettivi senza farti
distrarre anche se sei in mezzo ad altre persone. Ti aiuta
a non isolarti. Dona calma e pace mentale che si riflettono
sul benessere fisico.

Turchese

Personalità prudente

Processo di formazione Secondario
Sistema cristallino Triclino
Il Turchese si forma nelle crepe delle rocce contenenti alluminio quando è presente anche un alto contenuto di rame. Il suo nome deriva dalla Turchia, terra dove questo minerale fu scoperto per la prima volta dai crociati.

Benefici

Il Turchese ti aiuta a migliorare la tua autostima e a superare la timidezza dovuta alla paura del giudizio degli altri. Promuove la capacità di esprimere liberamente le tue idee e i tuoi progetti. Aumenta la fiducia in te stesso donandoti la consapevolezza delle tue capacità. Ti protegge dalle influenze dell'ambiente esterno e favorisce i tuoi rapporti interpersonali. Permette alla tua Anima di controllare al meglio la salute fisica.

Quarzo Rosa

Personalità solidale

Processo di formazione Primario
Sistema cristallino Trigonale
I Quarzi Rosa più antichi sono stati trovati in Mesopotamia (attuale Iraq) e risalgono al 6.000 a.C. Il Quarzo Rosa contiene biossido di silicio e si forma nelle rocce pegmatitiche (rocce Ignee appartenenti alla famiglia del Granito, originatesi durante le fasi finali della cristallizzazione del magma). In generale è traslucido, di colore rosa pallido con una lucentezza vitrea e un'ottima diffusione della luce.

Benefici
Il Quarzo Rosa ti apre all'amore per te stesso e per gli altri e ti fa sentire degno di riceverne. Ti permette di concentrarti sui tuoi bisogni primari e rimette al centro degli interessi i tuoi desideri. Ti libera dalla paura, dal nervosismo e dalle preoccupazioni derivanti da separazioni affettive. Ti permette di essere indipendente dalla presenza e dal bisogno di accudimento da parte degli altri. Rigenera l'energia dei tuoi organi affinché funzionino al meglio.

Malachite

Personalità etica

Processo di formazione Secondario
Sistema cristallino Monoclino
La Malachite è un carbonato di rame che si forma superficialmente nei giacimenti di rame per alterazione dei solfuri a contatto con l'aria.
Ha proprietà protettive dalle radiazioni nucleari. Le pietre grezze vanno tenute a contatto diretto con il corpo solo per brevi periodi.

Benefici

La Malachite ti permette di lasciarti influenzare meno dagli stati d'animo di estremo altruismo e di concentrare parte delle tue energie anche nella realizzazione dei tuoi desideri. Ti aiuta a non esasperare troppo la tua dedizione agli altri fino alla rinuncia di te stesso. Ti rende consapevole dei tuoi desideri, bisogni e progetti, stimola la tua sete di conoscenza e la tua capacità di realizzarli. Rafforza il tuo campo energetico facilitandoti a percepire i segnali di imminente pericolo. Permette alla tua Anima di concentrarsi meglio sulla tua salute fisica.

Septaria

Personalità dubbioso-riflessiva

Processo di formazione Secondario
Sistema cristallino Rombico
La Septaria ha origine in ambienti marini ed è formata dalla combinazione di più minerali: sedimento calcareo (parte grigia o bianca), calcite (parte gialla) e aragonite (parte marrone o arancio). Durante la formazione il sedimento calcareo, a causa di un processo di disseccamento, produce una fessurazione a setti. Successivamente all'interno di queste fessure si depositano gli altri minerali. La Septaria, a causa della sua forma particolare, è chiamata anche Uovo di Drago.

Benefici
La Septaria ti aiuta a mantenere stabili le tue scelte pur aprendoti ad un ascolto più attento delle esigenze degli altri. Ti rende più disponibile nel prenderti cura di te stesso e delle persone con cui ti rapporti. Riequilibra sia la passività che l'aggressività. Aiuta la tua Anima a non avere dubbi e incertezze. Rinforza tutti i processi vitali dell'organismo.

Onice Nero

Personalità perfezionista

Processo di formazione Primario
Sistema cristallino Trigonale
L'Onice è una varietà di calcedonio. Il suo colore nero è dato dalla presenza di inclusioni di ferro e carbonio. Si forma dai magmi più freddi nelle cavità rocciose attraverso un processo idrico o idrotermale. Come altre pietre di colore nero ha proprietà protettive e schermanti dall'inquinamento elettromagnetico. È consigliato l'uso sotto forma di anello o bracciale mentre i ciondoli indossati al collo vanno usati solo per brevi periodi.

Benefici
L'Onice Nero ti permette di concentrarti meglio su te stesso e in particolare sui tuoi bisogni reali. Ti aiuta a mettere in ordine i tuoi pensieri e a lasciare andare il desiderio di avere sotto controllo l'ambiente circostante. Ti fa focalizzare l'attenzione sulle cose davvero utili e ti aiuta ad essere consapevole che non è necessaria la perfezione assoluta. Rende l'Anima più capace di controllare la tua salute.

Pietra del Sole

Personalità mutevole

Processo di formazione Primario
Sistema cristallino Triclino
La Pietra del Sole, detta anche Heliolite (da Helios che
significa sole) ha calde tonalità di oro, rosso, a volte
arancione o marrone, che richiamano i colori del sole.
Queste caratteristiche dovute alla presenza di particelle
microscopiche di ematite hanno dato origine al nome alla
pietra.

Benefici

La Pietra del Sole ti consente di scoprire le tue vere
esigenze e di esprimerle con decisione. Ti crea la fiducia
di poter essere felice. Allontana paure e dubbi. Ti rende
ottimista e ti spinge ad agire con coraggio. Stabilizza le
reazioni emotive. Assicura un'armoniosa cooperazione di
tutti gli organi del corpo riequilibrando l'attività del
sistema nervoso autonomo.

Ametista

Personalità sognatrice

Processo di formazione Primario
Sistema cristallino Trigonale
L'Ametista è un quarzo dalla particolare colorazione viola che è data dalla presenza di tracce di ferro nel reticolo cristallino. Più è concentrata la presenza di ferro più la colorazione risulta scura e intensa. L'Ametista si forma tramite un processo idrotermale partendo da una soluzione di acido silicico.

Benefici

L'Ametista crea stabilità della visione di te stesso e facilita la conoscenza profonda della tua Anima e dei tuoi reali desideri. Permette una migliore comunicazione fra coscienza e Anima rendendo più chiari anche i sogni. Facilita il manifestarsi della tua vera personalità. Ti aiuta a controllare le tue reazioni. Rilassa il sistema nervoso e combatte l'ansia.

Pietra di Luna

Personalità eccentrica

Processo di formazione Primario
Sistema cristallino Monoclino
La Pietra di Luna, chiamata anche Adularia, ha un aspetto semitrasparente e traslucido con colori variabili dal bianco al grigio perlaceo. La sua lucentezza morbida e argentea ricorda il chiarore lunare. Questo particolare effetto ottico è chiamato adularescenza ed è dato dalla posizione parallela delle lamelle dei feldspati che la compongono.

Benefici

La Pietra di Luna ti aiuta ad entrare in contatto con la tua Anima e ad accettare più facilmente i tuoi aspetti irrazionali. Stimola l'intuizione ma facilita anche la capacità di valutare le situazioni in modo reale. La sua luce riflessa rischiara i tuoi pensieri, donandoti buoni consigli e discernimento. Ti aiuta ad armonizzarti con la ciclicità della vita e della natura. Stimola la tua attività onirica favorendo la comunicazione con l'Anima. Riporta equilibrio tra la tua parte intuitiva e la tua parte razionale, che si riflette positivamente a livello organico.

Granato

Personalità decisa

Processo di formazione Terziario
Sistema cristallino Cubico
Il Granato rappresenta un gruppo minerale abbastanza eterogeneo ma con alcune caratteristiche comuni: il sistema cristallino, l'origine, la classe minerale. Nel medioevo era conosciuto con il nome di Carbonchio ed era considerata la pietra degli eroi. Infatti aveva la caratteristica di rendere forti e coraggiosi in grado di sopportare dure prove. Il Granato nella sua forma grezza ha un aspetto quasi sgradevole ma acquista il suo massimo splendore mediante la ripulitura e la lavorazione. Per questo motivo è il simbolo della trasformazione alchemica attraverso la crescita personale.

Benefici

Il Granato ti predispone all'ascolto delle esigenze altrui. Ti permette di avere dubbi costruttivi riguardo alle tue scelte per renderle più realizzabili. Favorisce lo sviluppo di nuove idee. Facilita la creazione di nuove amicizie e di buoni rapporti interpersonali accrescendo il tuo rispetto per gli altri. Rafforza la capacità disintossicante e rigenerativa degli organi.

Labradorite

Personalità reattivo-emotiva

Processo di formazione Primario
Sistema cristallino Triclino
La Labradorite si forma nelle pegmatiti (rocce Ignee appartenenti alla famiglia del Granito, originatesi durante le fasi finali della cristallizzazione del magma). I suoi colori brillanti che vanno dal grigio all'azzurro, al verde, al bronzo sono dovuti all'effetto di rifrazione della luce sulla struttura lamellare, detta labradorescenza. La Labradorite fu scoperta nel 1770 nella penisola del Labrador (Canada) da cui prende il nome.

Benefici

La Labradorite crea fiducia in te e corregge atteggiamenti troppo reattivi. Aumenta la tua creatività e la comparsa di desideri reali perché contrasta le illusioni e le false sicurezze. Rafforza l'intuizione e allontana le visioni fantastiche e irreali. Favorisce la relazione con gli altri. Agisce sia contro l'ansia che la depressione riequilibrando tutti gli sbalzi di umore. Possiede a livello organico un'azione antipertensiva, antinfiammatoria e antidolorifica.

Di seguito troverai un *Mantra* semplice ma efficace che ti consigliamo di recitare se e quando ne senti il bisogno per amplificare l'azione della pietra.

Cosa si intende per mantra?

La parola mantra è composta dal prefisso *"man"* che in sanscrito significa mente, pensiero, flusso mentale e dal suffisso *"tra"* che vuol dire proteggere o liberare. Quindi un mantra è ciò che protegge dal costante flusso mentale del pensiero.

Il mantra è una frase importante alla quale si può ricorrere per stabilizzare la mente su un'idea e direzionarla verso un obiettivo.

Questo mantra è in grado di aiutarti ad allontanare la tua Anima dalle sue paure (la vera causa di tutte le malattie psichiche e fisiche) e di rafforzare le sue potenzialità.

Prendi la pietra tra le tue mani, siediti in un luogo tranquillo e rilassati per fare una piccola meditazione, concentrandoti ad ascoltare il tuo respiro.

Quando ti senti completamente rilassato e a tuo agio, porta la tua attenzione alla pietra e recita lentamente più volte questo mantra che hai scritto su un foglio e posto davanti a te o che hai imparato a memoria:

Utilizzo questa pietra
per liberare la mia Anima dalla gabbia
fatta di paure, di ricatti e di divieti.
Utilizzo questa pietra per rafforzare i poteri della mia Anima.
Riequilibrerà la mia salute mentale e fisica.
Mi aiuterà a realizzare i miei desideri e i miei progetti.
"Non valgo e non ce la faccio"
diventa da questo momento
"Io valgo e ce la faccio"

Ricordati che questa pietra è una sostanza viva, che vibra ed emana una particolare energia elettromagnetica che è in grado di aiutarti a trovare il tuo equilibrio psichico e fisico. Come tutti i trattamenti energetici, l'uso delle pietre e dei cristalli non intende sostituire le eventuali terapie mediche. Può tuttavia diventare un'integrazione e un supporto che ne migliora i risultati.

Utilizzala secondo le indicazioni che ti abbiamo fornito. Posizionala vicino al tuo letto la sera. Quando puoi, stringila anche per brevissimo tempo tra le mani per sentire tutta la sua forza. Questo ti aiuterà a conoscere più a fondo la tua Anima e tutto ciò che accade intorno a te, rifiutando tutte le azioni che non si basano sul rispetto di te stesso e degli altri.

QUARTO CAPITOLO
Le malattie dell'Anima e le pietre

*Se riesci ad avere
una profonda relazione d'amore con una pietra,
nessuno può crearti alcuna barriera.
(Osho)*

Per tutti coloro che non mostrano particolari segni di sofferenza psichica l'utilizzo delle pietre di personalità è utile per potenziare e armonizzare le funzioni psichiche e fisiche. Il risultato è una migliore capacità di realizzare i propri progetti di lavoro e di studio, oltre a svolgere una potente azione di accrescimento della creatività individuale. Inoltre è possibile ottenere un migliore equilibrio dell'emotività e di tutte le funzioni organiche.

La pietra di personalità contribuisce inoltre al potenziamento dell'efficienza del sistema PNEI, sigla che sta per *PsicoNeuroImmunoEndocrino*, attraverso il quale l'Anima stessa controlla la nostra salute.

L'intervento della pietra di personalità si svolge soprattutto sulle strutture della mente. Agisce sia a livello della coscienza che dell'Anima, la parte più profonda, più antica e più importante della psiche.

Dobbiamo a questo punto riprendere quell'affermazione del grande psichiatra italiano Franco Basaglia che affermava: *"Visto da vicino nessuno è normale"*. Come non dargli ragione se è evidente a tutti che la quasi totalità dei bambini riceve un'educazione innaturale, repressiva, ricattatoria e maschilista? L'affermazione di Basaglia sintetizza bene il fatto che tutti noi abbiamo una qualche imperfezione psichica che ci viene dall'educazione che ha condizionato la nostra infanzia. Potremmo arrivare ad affermare che nessuno ne è completamente esente. Oltretutto nella stessa direzione negativa si muovono non solo i genitori ma anche insegnanti, sacerdoti, educatori e governanti, importanti corresponsabili della formazione dei giovani. Le Anime della maggior parte di noi sono per questo prigioniere in un carcere che non permette di realizzare desideri e progetti, le fa soffrire e alla fine ammalare. Per molti di noi l'imperfezione psichica è minima e permette di vivere una vita quasi normale. Li potremmo definire a questo punto "individui normali". La pietra di personalità specifica è in grado di contribuire a sconfiggere o tenere sotto controllo quelle piccole imperfezioni dovute all'educazione che non possono essere definite come vere malattie psichiche. Infatti limitano solo in piccola parte le attività dell'Anima e le permettono di vivere una vita pressoché equilibrata. In ogni caso con l'uso della pietra di personalità il miglioramento è reale e duraturo nel tempo in quanto serve a stabilizzare l'equilibrio psichico e fisico.

Una qualche sofferenza potrà apparire in particolari situazioni di difficoltà di vario genere, come la perdita di una persona cara, la fine di una storia d'amore, una malattia, un fallimento economico e così via. Sono situazioni di sofferenza inevitabili nelle quali potrebbe essere di grande utilità affidarsi anche alla pietra di personalità. Come vedremo più avanti, lo stesso cristallo può essere usato in qualunque momento per perfezionare il proprio equilibrio psichico e potenziare l'attività mentale e fisica. Inoltre, come spiegheremo in seguito, in momenti di particolare difficoltà la pietra di personalità può essere momentaneamente affiancata da altre pietre.

Ci sono persone che non riescono a vivere una vita sociale soddisfacente e lamentano sintomi più o meno gravi di sofferenza psichica. Presentano sintomi emotivi come ansia, tristezza o rabbia e sintomi comportamentali che li portano ad isolarsi, a dipendere da altri o a porsi con insistenza al centro dell'attenzione. Spesso presentano anche disturbi a livello fisico. Questi sintomi depongono per una diagnosi di malattia psichica più o meno grave.

Le statistiche più recenti sulla salute mentale degli Italiani ci dicono che le malattie mentali sono in continuo aumento. Per coloro che hanno superato i 65 anni le cose vanno decisamente male, infatti gli anziani d'Italia sono i più depressi d'Europa.

I dati confermano che anche gli italiani risentono dell'industrializzazione selvaggia del mondo occidentale che dà sempre più spazio alla competizione, a scapito della partecipazione e della comprensione lasciando sempre più solo l'individuo soprattutto se è anziano. Poiché tutte le malattie mentali sono legate alla paura di non essere accettati e alla sfiducia sul proprio valore, ecco che l'humus migliore perché possano svilupparsi è proprio la società competitiva. Più la società basa le proprie regole sulla competitività, più si crea malessere in chi ha scarsa fiducia in sé stesso perché chi pensa di non valere sente un grande disagio proprio nelle situazioni di competitività. Ha così una maggiore probabilità di ammalarsi di malattie della psiche. Al contrario, quelle poche società in cui predomina la partecipazione e la comprensione aiutano coloro che hanno problemi di valore e le malattie della psiche sono tenute sotto controllo o addirittura regrediscono.

Io preferisco definire le malattie mentali come malattie dell'Anima, perché è nell'Anima che nascono tutte le malattie della mente. L'Anima va intesa qui non in senso religioso ma come una presenza reale, fatta di cellule nervose altamente specializzate situate alla base del cervello, che formano una struttura indispensabile alla vita. Costituiscono una centralina di comando che gestisce la nostra salute attraverso il controllo del sistema nervoso autonomo, di quello endocrino e di quello immunitario. L'Anima è anche la sede dove nascono le nostre emozioni e il controllo di tutte le nostre reazioni psichiche e fisiche, nonché l'archivio di tutte le nostre memorie genetiche accumulate durante l'evoluzione.

Tutte le malattie dell'Anima nascono dalla paura di non piacere, dalla sensazione di non valere e dal senso di colpa che formano una vera gabbia psichica che non permette all'Anima stessa di esprimere i propri desideri e quindi di vivere felici. Da qui la sofferenza dell'Anima e la comparsa di malattie psichiche.

Chi soffre di una qualche malattia psichica presenta nella stragrande maggioranza dei casi una serie di sintomi che possono essere distinti in sintomi emotivi, comportamentali e sintomi funzionali somatici. I sintomi emotivi di base sono l'ansia, la tristezza, la rabbia e tutte le possibili variabili come l'odio, la vergogna, l'invidia, la vendetta ecc.

I disturbi del comportamento sono tentativi di compenso a situazioni di disagio sociale dovuto in ogni caso alla mancanza di fiducia in sé stessi e alla paura dell'abbandono. In alcuni individui si manifestano come atteggiamenti di sottomissione, in altri di isolamento sociale, in altri infine come atteggiamenti di dominio e di sopraffazione. Nella classificazione dei disturbi di personalità, come vedremo più avanti, questi atteggiamenti comportamentali vengono descritti in maniera più approfondita perché diventano essi stessi i cardini della classificazione. A questi sintomi psichici vanno aggiunti quelli che colpiscono vari organi dapprima solo come malattie funzionali definite anche psicosomatiche e in seguito come malattie organiche caratterizzate da veri e propri danni d'organo. È importante individuare i primi sintomi di disturbi funzionali dei nostri organi e il disagio mentale che li ha causati, per potere intervenire e curarli con interventi a livello psichico prima che si realizzino danni d'organo. I danni d'organo infatti sono difficilmente guaribili e vanno trattati con farmaci specifici spesso da usare per tutta la vita. Le patologie funzionali che nella medicina ufficiale generalmente vengono curate come malattie organiche vere e proprie, avrebbero bisogno di essere trattate prima di tutto a livello psichico.

La causa di tutte le malattie psichiche è un'emozione dell'Anima che si chiama paura. Tutte le malattie psichiche nascono dalla paura. Le paure sono tantissime e possono essere distinte in due tipi: le paure irreali e le paure reali. Le paure irreali sono legate ad una cattiva educazione e si possono sviluppare molto presto nel bambino. Si comincia dalle paure legate ai ricatti genitoriali. Coinvolgono figure immaginarie come il lupo, l'uomo nero, il diavolo ma anche reali come i carabinieri, gli zingari e gli extracomunitari solo per fare qualche esempio. Queste paure sono poi rafforzate in seguito dai ricatti da parte dei sacerdoti (l'inferno e il paradiso), dagli insegnanti (il brutto voto e la bocciatura). Infine ci sono i governanti che ci impauriscono con le crisi economiche, i terroristi, le pandemie e le guerre. Le paure irreali sono molto pericolose perché possono inquinare un rapporto naturale del soggetto con la realtà che lo circonda. Queste paure maldestramente immesse nell'Anima dei bambini e rinforzate per tutta la vita, vanno ad accrescere le normali paure con le quali tutti gli esseri umani nascono: la paura dell'abbandono e la paura di non valere. Sono anch'esse irreali ma, nei primi anni di vita, sono utili al bambino per creare un legame di fiducia con i genitori o gli adulti che lo accudiscono. Il compito di questi

71

ultimi dovrebbe essere quello di eliminare il prima possibile tutte le paure per facilitare nei bambini il complesso percorso che li porta a diventare adulti equilibrati e coraggiosi. A causa dell'eccessivo controllo degli adulti, nei bambini cresce la paura del valore e la mancanza di fiducia in sé stessi, in una spirale innaturale e patologica che accrescerà ulteriormente il loro squilibrio psichico.

Le paure reali sono invece tutte dovute a veri pericoli capaci di crearle. In una persona equilibrata sono importanti ma gestibili. In soggetti sofferenti per paure irreali può diventare difficile tenerle sotto controllo e possono dare origine anche a gravi malattie psichiche.

Le malattie mentali o malattie dell'Anima, indipendentemente dai sintomi di ansia, depressione o rabbia, possono essere classificate nella stragrande maggioranza come *Disturbi della Personalità*. In tutte le malattie mentali infatti vi è uno squilibrio della personalità. La personalità, come già illustrato, è l'immagine che abbiamo di noi stessi e che diamo agli altri, il volto con cui ci mostriamo e che esprime o cela quanto avviene nel profondo. È fatta di pensieri, emozioni e comportamenti che rendono ogni persona unica. È il proprio modo di vedere, comprendere e relazionarsi con il mondo esterno, così come pure il modo in cui vediamo noi stessi. Le persone normali, come abbiamo visto precedentemente, sono abbastanza flessibili a seconda delle circostanze per cui in alcuni momenti è utile essere più dipendenti o passivi del solito, mentre in altri è più utile essere dominanti.

Al contrario gli individui che soffrono di disturbi di personalità si contraddistinguono per modalità comportamentali relativamente inflessibili e rigide nel percepire, reagire e relazionarsi alle altre persone e agli eventi. I disturbi di personalità sono caratterizzati proprio dalla rigidità e dalla presentazione inflessibile di tali tratti anche nelle situazioni meno opportune. Ad esempio, alcune persone tendono sempre a presentarsi in modo dominante indipendentemente dalla situazione nella quale si trovano, rendendo così difficile gestire nel modo più appropriato e normale ogni situazione. Altre persone invece tendono ad essere sempre talmente dipendenti dagli altri al punto da non riuscire a prendere autonomamente le proprie decisioni. In sintesi si potrebbe dire che il disturbo di personalità è un tentativo di chi ne soffre di superare il proprio disagio di vivere e la sensazione di non valere come gli altri, utilizzando atteggiamenti capaci di mascherare proprio quella difficoltà. Per questo è costretto a mettere in atto atteggiamenti difensivi, sempre gli stessi, convinto che la cosa più importante per lui non sia lo scambio di affettività, amicizia, convinzioni e progetti con gli altri, ma la necessità di mascherare la propria situazione di disagio. Gli atteggiamenti per alcuni saranno sempre di sottomissione, per altri di isolamento, per altri ancora di dominio e di sopraffazione. Tali modalità riducono fortemente le possibilità di quella persona di avere rapporti sociali efficaci e soddisfacenti per sé e per gli altri. Il rispondere in modo inappropriato ai problemi della vita rende le relazioni con i propri familiari, gli amici e i colleghi di lavoro difficoltose, insoddisfacenti o addirittura evitate. Sono comportamenti difensivi che inevitabilmente creano sempre maggiori difficoltà di rapporto con gli altri e peggiorano la malattia nel corso degli anni. Proprio per questo, tali comportamenti, pur comparendo generalmente in adolescenza o nella prima età adulta, tendono a mantenersi o ad aggravarsi nel tempo.

Coloro che soffrono di un disturbo di personalità non sempre cercano l'aiuto di uno specialista perché convinti di essere sani. In effetti spesso non si rendono conto della loro malattia e dei danni che commettono nei confronti delle persone con cui hanno rapporti. Non si rendono nemmeno conto di mettere in atto comportamenti rigidi e inadeguati, da cui derivano le reazioni negative degli altri nei loro confronti. Per questo molte volte finiscono per sentirsi le vittime della situazione e alimentare ulteriormente il proprio disturbo di personalità. Così, ad esempio, una persona che presenta un disturbo paranoide di personalità, non capisce che con il suo comportamento sospettoso non dà fiducia agli altri e si "tira addosso" dubbi e reazioni non amichevoli, confermando così a sé stesso l'idea che non ci si può fidare di nessuno.

In base alla gravità della sintomatologia ciascun disturbo di personalità può presentarsi in due modi: o come *nevrosi* o come *psicosi*. Le forme più lievi appartengono al gruppo delle nevrosi, le più gravi a quello delle psicosi.

Quale è la differenza tra le nevrosi e le psicosi?

Entrambe rappresentano una condizione morbosa caratterizzata dalla presenza di sintomi psichici e fisici provocati dall'incapacità dell'individuo di far fronte alle difficoltà della vita e alle proprie ansie. La diversità tra nevrosi e psicosi sta essenzialmente nella diversa posizione che hanno il nevrotico e lo psicotico nei confronti della realtà. Le nevrosi sono disturbi emotivi che colpiscono la struttura della personalità, senza comportare una perdita del contatto con la realtà. In genere le capacità critiche e del pensiero sono mantenute. Il soggetto nevrotico infatti, nella maggior parte dei casi, riconosce che i suoi sentimenti emotivi sono sproporzionati agli stimoli esterni evidenti. Le nevrosi sono in genere un disturbo meno grave delle psicosi, proprio perché è presente consapevolezza della malattia e buona conservazione del principio di realtà. In generale le nevrosi si manifestano con ansia, astenia, note depressive, fobie, pensieri negativi, irritabilità, insonnia e disturbi funzionali a carico di organi diversi.

Per psicosi si intende un disturbo generalmente grave della vita emotiva e della personalità che implica la perdita di contatto con la realtà e la presenza di sintomi come deliri e allucinazioni, accompagnati da una scarsa o nessuna consapevolezza della malattia. Le psicosi interferiscono in modo parziale o totale nella capacità di adattamento sociale della persona e nei suoi rapporti interpersonali.

La causa della malattia, sia che si tratti di nevrosi che di psicosi, risiede sempre in un disturbo dell'adattamento emotivo derivante da conflitti infantili interni che hanno alla base una mancanza di fiducia in sé, sensi di colpa e tutte le paure irreali che condizionano e limitano lo sviluppo del bambino.

Per diagnosticare la presenza di un disturbo di personalità abbiamo utilizzato gli stessi parametri che abbiamo preso in considerazione per la definizione di normalità: emozioni, espressione del volto, rapporto con le altre persone, sogni, progetti e salute fisica. I parametri in situazioni di malattia mostrano tutti una sofferenza mentale. Le emozioni presenti sono l'ansia, la tristezza e/o la rabbia, l'espressione del volto è corrucciata, il rapporto con gli altri è scarso, mancante o non soddisfacente. I sogni spiacevoli e i progetti mancanti o irreali. Spesso questi soggetti non godono di buona salute fisica.

È scientificamente dimostrato che i disturbi di personalità più gravi sono in prevalenza maschili. Fino a vere e proprie forme psicotiche che possono portare chi ne soffre ad adottare comportamenti delinquenziali. Gli uomini che uccidono le proprie compagne, fenomeno non raro come ci dicono le cronache, rappresentano le situazioni più gravi di questo disturbo. Anche le forme di violenza di gruppo sono prevalentemente maschili, comprese quelle che danno origine alle guerre. I maschi che ne sono esenti sono meno di quanto si possa pensare. La ragione è legata in parte alla differenza genetica tra uomini e donne e in parte all'educazione perché i maschi fin da piccoli sono maggiormente stimolati a dare dimostrazione del loro valore, cosa che impedisce una crescita equilibrata e il raggiungimento completo della fiducia in sé stessi.

Un lavoro scientifico recente ha rilevato differenze genetiche tra le strategie di risposta delle donne e degli uomini quando si studiano individui in situazioni simili di difficoltà. In generale le donne tendono ad avere una capacità di far fronte allo stress basata sul confronto civile e sull'ascolto delle ragioni dell'altro. Gli uomini invece tendono ad utilizzare una risposta incentrata sul combattimento o sulla fuga. Gli ormoni svolgono un ruolo importante in questa differenza di genere. In vari studi durante le situazioni di stress il cortisolo (un ormone dello stress) è stato rinvenuto molto più elevato negli uomini che nelle donne. In queste ultime è stato invece notato un aumento dell'attività limbica ed emozionale. Nelle situazioni di stress anche la produzione di noradrenalina è maggiore nell'uomo che nella donna. Di recente alcuni ricercatori australiani hanno proposto che tutto ciò possa dipendere, almeno in parte, da un gene chiamato SRY che si trova sul cromosoma maschile Y e che finora si credeva responsabile "soltanto" del sesso del feto.

Anche se esistono queste differenze di comportamento nei due sessi su base genetica, è possibile che talvolta le donne attuino un comportamento del tipo "combattimento o fuga" e gli uomini attivino comportamenti emozionali utilizzati maggiormente dalle donne.

Affermare poi che la maggior parte dei maschi reagiscono alle situazioni con un comportamento di combattimento o fuga non vuol dire che non siano capaci di comportamenti etici. Li possiedono, ben scritti nel profondo delle loro Anime e rappresentano le loro caratteristiche più genuine. Quando riemergono riempiono di luce le loro vite e quelle di chi sta loro vicino. Il senso di protezione dei loro cari, l'altruismo assoluto fino al sacrificio della morte, la dedizione a grandi ideali, le conquiste nella ricerca scientifica e le grandi opere d'arte sono la dimostrazione della loro grande sensibilità. Se solo sapessero esprimere queste qualità e non le tenessero nascoste, sopraffatti dal continuo bisogno di dimostrare il loro valore, ne trarrebbero notevoli vantaggi non solo loro, ma anche le donne e il mondo tutto.

Le donne invece si sono in parte salvate. Piccolo vantaggio e piccola consolazione non possedere il cromosoma Y in confronto a tutte le violenze psichiche e fisiche a cui sono spesso sottoposte. Questo non vuol dire che non ci siano donne che soffrono di disturbi di personalità, ma quando avviene si tratta generalmente di forme meno gravi di quelle che colpiscono gli uomini. Il cosiddetto sesso debole si dimostra più forte e più sano. Tutto questo è comprensibile se si pensa alla grande responsabilità che hanno le donne nella sopravvivenza della specie che richiede loro equilibrio e saggezza. Dalla preoccupazione per il benessere del loro neonato si sono sviluppate nelle donne la compassione e l'altruismo, come pure la capacità di ascoltare le esigenze degli altri e di imparare dagli altri. Ancora una volta l'atteggiamento patriarcale eccessivo degli uomini è la prima causa delle loro malattie mentali.

In base ai sintomi comportamentali i disturbi di personalità vengono classificati in vari tipi. Sul numero non esiste ancora un accordo. C'è chi ne elimina qualcuno e chi ne aggiunge altri. La disputa è comprensibile per il fatto che siamo ancora agli inizi della conoscenza della mente umana e dei suoi squilibri. Noi ne abbiamo individuati quindici tipi.

Questa è la nostra classificazione dei disturbi di personalità.

Disturbi da eccessiva reattività
Disturbo Istrionico Persone che ricercano l'attenzione degli altri, sono sempre seduttive e manifestano in modo teatrale le proprie emozioni e le proprie esperienze di vita
Disturbo Narcisistico Persone che si sentono superiori agli altri e pensano che tutto sia loro dovuto, data l'importanza che si attribuiscono
Disturbo Antisociale Persone che non rispettano in alcun modo le regole, tendono a violare i diritti degli altri e generalmente non provano senso di colpa per le ingiustizie commesse
Disturbo Paranoide Persone che tendono ad interpretare il comportamento degli altri come pericoloso per loro, agendo sempre in modo sospettoso
Disturbi da eccessiva riflessività
Disturbo Schizoide Persone non interessate al contatto con gli altri che preferiscono uno stile di vita distaccato dal mondo

Disturbo Evitante

Persone che tendono ad evitare in modo assoluto le situazioni sociali per la paura dei giudizi negativi degli altri e che presentano una marcata timidezza

Disturbo Dipendente

Persone che presentano un marcato bisogno di essere accudite, che delegano tutte le proprie decisioni agli altri e che cercano in tutti i modi di piacere

Disturbo Masochista

Persone tendenti al sacrificio, che presentano eccessivi sensi di colpa per i quali si puniscono anche con violenze fisiche su di sé

Disturbo Passivo/Aggressivo

Persone che si caratterizzano per una forte ambivalenza e tendono continuamente ad esprimere comportamenti e atteggiamenti opposti

Disturbi da eccessiva emotività

Disturbo Ossessivo/Compulsivo

Persone che presentano una marcata tendenza al perfezionismo ed alla precisione, una forte preoccupazione per l'ordine e per il controllo di ciò che accade

Disturbo Borderline
Persone che presentano instabilità di pensiero e atteggiamento, cambiamenti d'umore improvvisi, scoppi d'ira ingiustificati, impulsività e pensieri incoerenti
Disturbo Dissociativo
Persone che presentano più stati distinti di personalità. L'alternarsi delle varie identità e le amnesie tra le diverse personalità determinano uno sconvolgente caos esistenziale
Disturbo Schizotipico
Persone dal comportamento eccentrico che hanno scarso contatto con la realtà e tendenza a dare un'assoluta rilevanza e certezza a visioni magiche
Disturbo Sadico
Persone che non si interessano alle esigenze degli altri e che provano piacere attraverso atti di crudeltà (spesso in ambito sessuale)
Disturbo Depressivo e/o Maniacale
Persone che presentano forme depressive o maniacali più o meno gravi, o alternanza delle due forme

Come per i tipi di personalità, coloro che soffrono di un disturbo di personalità possono presentare i tratti di uno o più disturbi ma generalmente c'è un tipo di disturbo che predomina sugli altri. Se sono presenti nello stesso soggetto più disturbi, bisogna fare riferimento a quello che è maggiormente rappresentato.

Non sempre è possibile per un soggetto scoprire il disturbo di personalità di cui soffre. In questi casi è necessario rivolgersi ad un esperto del settore che aiuterà a definirlo con precisione.

A questo punto dobbiamo soffermarci sul rapporto tra tipi psicologici di personalità e disturbi di personalità. Ciascuno di noi appartiene ad un tipo psicologico specifico di cui abbiamo parlato precedentemente. Quando ci ammaliamo di una qualunque malattia psichica presentiamo sintomi che appartengono sempre ad un disturbo di personalità intimamente collegato al proprio tipo psicologico di personalità, secondo lo schema qui proposto.

TIPI DI PERSONALITÀ	DISTURBI DI PERSONALITÀ
Personalità Reattive	Disturbi da eccessiva reattività
Personalità Istrionica	Disturbo Istrionico
Personalità Narcisistica	Disturbo Narcisistico
Personalità Rivoluzionaria	Disturbo Antisociale
Personalità Diffidente	Disturbo Paranoide
Personalità Riflessive	Disturbi da eccessiva riflessività
Personalità Riservata	Disturbo Schizoide
Personalità Prudente	Disturbo Evitante
Personalità Solidale	Disturbo Dipendente
Personalità Etica	Disturbo Masochista
Personalità Dubbioso - Riflessiva	Disturbo Passivo/Aggressivo

Personalità Emotive	Disturbi da eccessiva emotività
Personalità Perfezionista	Disturbo Ossessivo/Compulsivo
Personalità Mutevole	Disturbo Borderline
Personalità Sognatrice	Disturbo Dissociativo
Personalità Eccentrica	Disturbo Schizotipico
Personalità Decisa	Disturbo Sadico
Personalità Reattivo - Emotiva	Disturbo Depressivo e/o Maniacale

I disturbi di personalità possono essere presenti in forma lieve, che non compromette la vita sociale di chi ne è affetto ma in altri casi si tratta di forme più gravi che richiedono l'intervento di specialisti del settore. Per chi volesse approfondire questo argomento abbiamo riportato di seguito una descrizione più dettagliata di ogni disturbo. Approfondirne la conoscenza vi permetterà di comprendere meglio il significato dei vari disturbi, la loro diffusione nella nostra società e di contribuire attivamente ad una possibile guarigione di chi ne soffre.

DISTURBI DA ECCESSIVA REATTIVITÀ

DISTURBO ISTRIONICO
Chi soffre di un disturbo istrionico di personalità presenta comportamenti eccessivamente teatrali e un costante bisogno di attenzione. Quando non si sente abbastanza considerato può provare emozioni anche notevolmente spiacevoli e mettere in atto comportamenti bizzarri nel tentativo di farsi notare, come raccontare storie accattivanti, fare regali anche costosi o mostrare sintomi di malattie

fisiche e psichiche dandone talvolta anche descrizioni drammatiche. L'atteggiamento è in ogni caso eccessivamente emotivo. Può diventare estremamente seduttivo e compiacere con qualunque mezzo chi vuole conquistare. Può manifestare comportamenti sessuali inappropriati e provocatori non solo con persone con cui ha relazioni stabili ma in generale con tutte le persone che incontra, spesso utilizzando il proprio aspetto fisico per attirare l'attenzione su di sé. Lo scopo è sempre uno solo: la conquista.

DISTURBO NARCISISTICO
Il disturbo narcisistico di personalità generalmente si manifesta in età giovanile ed è caratterizzato da atteggiamenti eccessivi di grandiosità per il bisogno di ammirazione e di stima da parte di tutte le persone con cui viene in contatto. Chi ne soffre mostra un'immagine enfatizzata di sé, una tendenza a sovrastimare le proprie abilità e una pretesa che anche gli altri gli riconoscano particolari meriti o privilegi. È spesso preda di fantasie di potere, di successo illimitato e di grandi amori. Si aspetta quindi, a fronte di queste presunte qualità, di ricevere trattamenti speciali da parte degli altri e continue dimostrazioni di ammirazione. Chi soffre di questo disturbo presenta difficoltà a riconoscere i bisogni e i sentimenti altrui. È difficile che un paziente con disturbo narcisistico di personalità ricerchi spontaneamente l'aiuto professionale da parte di un medico per risolvere il suo problema. Spesso sono altri disturbi esistenti (come disturbi dell'umore o abuso di droghe) a spingerlo a richiedere un aiuto, oppure viene convinto a farlo da amici e familiari preoccupati.

DISTURBO ANTISOCIALE
Il disturbo di personalità antisociale può manifestarsi già in età giovanile ma si sviluppa generalmente nell'età adulta.

È caratterizzato da ripetuti episodi di violazione delle regole e dei diritti degli altri esseri umani. I comportamenti specifici di chi soffre di questo disturbo possono sfociare in atteggiamenti aggressivi nei confronti di persone o animali, danneggiamenti di proprietà, frodi, furti e gravi violazioni di regole sociali. Sono spesso persone rabbiose che facilmente si scontrano fisicamente con gli altri, che commettono atti pericolosi non solo per sé (ad esempio andare troppo veloci in auto) e sono soliti utilizzare sostanze pericolose come alcool o droghe. Le persone affette dal disturbo antisociale sembrano insensibili ai bisogni, ai diritti e ai beni degli altri e mostrano bassi livelli o nessun rimorso per i reati che hanno commesso.

DISTURBO PARANOIDE
Il disturbo paranoide di personalità colpisce individui che nutrono grande sfiducia verso gli altri per la paura di essere maltrattati o raggirati. Hanno difficoltà a fidarsi perché percepiscono sempre la sensazione che la loro fragilità possa essere sfruttata contro di loro. Tendono a serbare rancore anche senza ragione ma solo in virtù delle proprie paure. Per questo fanno grande fatica ad aprirsi nei confronti degli altri. Vivono con il costante timore che le altre persone possano tramare contro di loro e questo li rende fortemente sospettosi. Per questo non si fidano nemmeno delle persone con cui convivono. Sono costretti a controllare attentamente gli altri, sempre alla ricerca di eventuali atteggiamenti ostili nei loro riguardi.

DISTURBI DA ECCESSIVA RIFLESSIVITÀ

DISTURBO SCHIZOIDE
L'elemento caratteristico di questa tipologia di soggetti è lo scarso o assente interesse verso le relazioni sociali e una limitata espressività delle loro emozioni. Presentano

disinteresse verso forme di intimità anche nella sfera sessuale. Non sono interessati a stringere relazioni profonde o a far parte di contesti sociali come una famiglia, una classe o una squadra sportiva. Non amano partecipare non solo a gite, cene o cerimonie come matrimoni e battesimi ma anche a semplici passeggiate. Prediligono occupazioni da svolgere in solitudine come lavorare al computer, risolvere problemi matematici o dedicarsi ad attività individuali piuttosto che di gruppo.

DISTURBO EVITANTE

Il disturbo di personalità evitante è caratterizzato da un costante stato di ansia e apprensione quando chi ne soffre si trova in contesti sociali insieme ad altre persone. Si tratta di soggetti molto sensibili alle critiche che possono sentirsi eccessivamente colpiti da un piccolo giudizio negativo. La sofferenza nasce dal fatto che chi presenta questo disturbo di personalità ritiene che alle altre persone non interessi quello che loro pensano. Per questo appaiono silenziosi e poco partecipi nelle discussioni. Spesso sono dominati da sensazioni di inettitudine e bassa autostima. Infine tendono ad evitare nuove conoscenze, nuovi luoghi e nuove situazioni per la paura di vivere sentimenti di imbarazzo e inadeguatezza. Sentono il bisogno di relazionarsi con gli altri ma finiscono per preferire di rimanere da soli in disparte. Evitano lavori che li portano a stare molto a contatto con gli altri per paura del rifiuto, della disapprovazione e della critica. Spesso queste persone faticano a trovare nuovi amici, almeno fino a quando non sono sicuri che l'altra persona li accoglierà. La difficoltà a costruire relazioni intime con altre persone può portarli a problematiche anche in ambito sessuale.

DISTURBO DIPENDENTE

La caratteristica principale di chi soffre di un disturbo di personalità dipendente è l'assoluta difficoltà a stare da solo e l'eccessiva richiesta di accudimento e di cure da parte delle persone con cui ha una relazione stretta. Chi presenta questo disturbo trova molto difficile prendere decisioni nella vita quotidiana e richiede spesso rassicurazioni e consigli da parte di altri. Viene così facilmente influenzato da familiari e amici su tutte le sue scelte di vita. A causa del bisogno patologico di approvazione le persone con disturbo dipendente di personalità tendono a faticare nell'esprimere le loro opinioni, soprattutto se in disaccordo con quelle altrui per la paura eccessiva di essere respinti e abbandonati. Poiché non sono convinti di poter vivere in modo autonomo tendono ad adeguarsi alle aspettative degli altri, magari accettando compiti o mansioni poco gradevoli. Il loro solo interesse è quello di essere accettati e non essere lasciati soli. Per questo vengono definiti anche come "persone zerbino". Quando una relazione intima termina, tendono a ricercare immediatamente una relazione sostitutiva che possa offrire quell'aiuto psichico e fisico di cui sentono di avere assoluto bisogno.

DISTURBO MASOCHISTA

Le persone con questo disturbo antepongono le necessità degli altri alle proprie. In altre parole danno meno importanza ai bisogni propri che a quelli altrui. La loro vita infatti acquisisce senso quando si donano al prossimo, arrivando perfino a rinunciare ai loro bisogni. Non cercano la gratificazione negli altri perché il massimo della loro soddisfazione consiste nello sforzarsi per migliorare la vita di chi hanno vicino. La caratteristica principale del disturbo di personalità masochista è un modello patologico di condotta autodistruttiva. Sono persone attente alle necessità degli altri che cercano costantemente di soddisfare, anche senza che sia stato loro richiesto. Non sono competitivi né ambiziosi. Si fanno in quattro per essere disponibili, sono molto pazienti e tolleranti anche nelle situazioni più scomode. Non amano stare al centro dell'attenzione. Tengono molto all'etica, all'onore e sono degni di fiducia. Sono ingenui tanto da non sospettare l'esistenza di secondi fini nelle persone alle quali si donano. Finiscono spesso per farsi trascinare in situazioni o relazioni che li porteranno prima o poi a soffrire. Generalmente non chiedono aiuto agli altri e per questo la loro vita può essere fonte di grandi sofferenze.

DISTURBO PASSIVO/AGGRESSIVO

Nelle situazioni sociali e lavorative i soggetti affetti da un disturbo passivo/aggressivo tendono a sviluppare facilmente sentimenti di rabbia e ostilità. Il loro comportamento è descritto anche come *aggressione non verbale* perché i sentimenti di rabbia insorti verso qualcuno non si manifestano chiaramente ma si nascondono o si esprimono in maniera subdola. È tipico di questi soggetti cercare di non far trapelare in modo esplicito i propri stati d'animo. Anche se sono turbati, infastiditi o delusi, si comportano in modo fintamente cortese e magari affermano di stare bene e di essere tranquilli. In sintesi il comportamento passivo/aggressivo è un modo deliberato e mascherato di esprimere sentimenti di rabbia. Questi soggetti credono di essere poco capiti e poco apprezzati dagli altri fino a mostrare una forma di palese vittimismo. Allo stesso tempo negano che ci sia qualcosa che non va per evitare confronti diretti o affrontare situazioni spiacevoli. Nei rapporti affettivi, se il partner dice o fa qualcosa di non gradito, invece di comunicare normalmente chiedendo spiegazioni o chiarimenti, si chiudono nel silenzio arrivando a non rispondere più neppure a chiamate telefoniche con lo scopo di punire e suscitare sensi di colpa nella persona che, a loro giudizio, si è comportata male.

Sebbene esibiscano una spavalderia superficiale, mancano spesso di autostima e quindi non riescono a mantenere una linea decisionale costante perché vivono un intenso conflitto tra la dipendenza dagli altri e il desiderio di autoaffermazione.

DISTURBI DA ECCESSIVA EMOTIVITÀ

DISTURBO OSSESSIVO/COMPULSIVO

Il disturbo di personalità ossessivo/compulsivo è caratterizzato da una eccessiva preoccupazione relativa all'ordine, al perfezionismo e al controllo del proprio comportamento. In particolare coloro che ne soffrono eccedono nell'ordine e nella pulizia della casa e dell'ambiente di lavoro. Questa rigidità si ripercuote anche nelle relazioni interpersonali specie quando devono essere affrontate novità e imprevisti. Questi soggetti cercano di mantenere il controllo delle situazioni attraverso il rigido rispetto di regole, procedure e programmazioni prestando un'eccessiva attenzione ai dettagli. Alla fine non riescono a portare termine un compito o un progetto per l'eccessiva attenzione e tempo dedicati a particolari spesso nemmeno importanti. Sono eccessivamente coscienziosi, scrupolosi e inflessibili anche in ambito morale. Tutto questo rende la loro vita molto faticosa e sofferente.

DISTURBO BORDERLINE

Gli individui con disturbo borderline di personalità presentano una marcata instabilità emotiva. Possono vivere momenti di tranquillità ma all'improvviso sentire una intensa tristezza, rabbia o senso di colpa. A volte vivono un forte caos emotivo dato dal vivere emozioni contrastanti nello stesso momento. Regolare i propri stati emotivi risulta essere tanto difficile da farli agire impulsivamente, senza riflettere sulle conseguenze delle proprie azioni. Sono presenti sentimenti di abbandono, spesso associati ad una incapacità a restare soli e all'estremo bisogno di avere una persona accanto. Spesso tendono ad idealizzare le altre persone e rapidamente a svalutarle, quando gli altri non si occupano abbastanza di loro o non sono abbastanza "presenti". Per questo le relazioni che intraprendono sono turbolente, intense ma caotiche tanto da mettere in difficoltà anche il partner. Gli individui con disturbo borderline possono manifestare ricorrenti gesti o minacce di tipo suicida ed anche comportamenti autolesivi. Sono comuni agli individui con disturbo borderline le interruzioni improvvise di un percorso di vita (ritiro da scuola, licenziamento, divorzio) che possono avvenire all'improvviso senza segni premonitori. Alcuni individui possono sviluppare sintomi psicotici (ad esempio allucinazioni) durante periodi di forte stress. Tutti questi aspetti portano la persona a percepirsi come inadeguata e fragile, così da aggravare inevitabilmente le manifestazioni di sofferenza.

DISTURBO DISSOCIATIVO

I sintomi del disturbo dissociativo si manifestano con alterazioni consistenti dell'identità per la presenza di due o più identità distinte, con forte compromissione della percezione di sé. Sono presenti alterazioni della memoria, del comportamento, dell'apprendimento e delle funzioni senso-motorie. È presente anche amnesia dissociativa, ossia vuoti di memoria e incapacità di richiamare informazioni personali importanti della propria storia di vita. Tutto questo determina un disagio significativo o grave compromissione sociale e lavorativa a seguito dei sintomi riportati. L'alternarsi delle varie identità può dar luogo ad ansia, depressione e altri disagi che insorgono proprio a seguito del caos esistenziale vissuto.

DISTURBO SCHIZOTIPICO

Il disturbo di personalità schizotipico è caratterizzato dalla presenza di idee e comportamenti eccentrici, uniti ad una mancanza totale di interesse verso le relazioni personali e una sofferenza evidente in contesti sociali di gruppo. Questi soggetti sono molto sospettosi e diffidenti. Le difficoltà relazionali li rendono spesso persone sole, con poche relazioni significative, spesso legate solamente a rapporti con familiari stretti. In genere il loro mondo affettivo è povero e appiattito. Manifestano sintomi bizzarri tipici del loro disturbo come pensiero magico e superstizioni. Possono pensare di avere particolari abilità o poteri speciali. Possono mostrarsi stravaganti, parlare da soli o vestirsi in modo trasandato e poco curato.

DISTURBO SADICO

Si tratta di individui che presentano comportamenti crudeli e aggressivi. Usano la violenza allo scopo di stabilire un dominio in un rapporto, spesso il sadismo è utilizzato nei rapporti sessuali. Amano inoltre umiliare le persone pubblicamente. Si divertono e mostrano piacere nell'infliggere sofferenza psicologica o fisica agli altri (inclusi gli animali). Amano sottomettere le persone facendo fare loro quello che vogliono oppure spaventarli attraverso intimidazioni o varie forme di terrore. Trattano duramente chi è sotto il loro controllo, come ad esempio bambini, studenti, dipendenti o pazienti. Spesso limitano l'autonomia delle persone con cui hanno una relazione stretta, per esempio non permettono al coniuge di uscire di casa senza di loro, o ai figli (in particolare alle figlie) di avere relazioni sociali.

DISTURBO DEPRESSIVO E/O MANIACALE

Si tratta di una seria condizione di malessere caratterizzata da periodi di depressione e periodi di mania, intervallati solitamente da una fase di umore normale. Le due fasi si alternano spesso in modo più o meno regolare. Questa è la forma più classica. Altre volte è predominante la forma maniacale o quella depressiva. In altri casi infine è presente solo la forma depressiva o quella maniacale più o meno grave con intervalli di relativo benessere. La forma maniacale è caratterizzata da euforia, eccessiva fiducia in sé stessi, come guidare l'auto con irresponsabilità o intraprendere con leggerezza attività rischiose anche in termini finanziari.

QUINTO CAPITOLO
I disturbi di personalità e le pietre di personalità

Le pietre
aprono finestre nelle nostre Anime
e fanno entrare raggi di sole.
(Anonimo)

È possibile utilizzare un semplice test psicologico per aiutarci a capire se siamo affetti da un qualche disturbo di personalità. Si tratta di un test molto semplice che non può essere considerato scientifico ed indicativo per una vera diagnosi, che richiede invece sempre l'intervento e il giudizio di un medico. Può essere considerato solo un'indicazione da valutare e un primo passo per indirizzare ad ulteriori percorsi di indagine, anche medica.

Test psicologico per la valutazione della salute psichica

Le emozioni
Serenità
Ansia
Tristezza
Rabbia

Il comportamento
Collaborativo con gli altri
Evitante

Dipendente
Aggressivo

Percezione della realtà
Realistica
Distorta
Alterata con allucinazioni e/o deliri

I sogni
Piacevoli
Sgradevoli
Incubi
In entrambi i casi i sogni possono essere assenti

L'aspetto del viso
Sorridente
Teso
Spento

Rapporto con gli altri
Presente e soddisfacente
Presente e problematico
Assente

La presenza di risposte evidenziate in rosso depone per l'esistenza di un disturbo di personalità da meglio valutare con ulteriori indagini specialistiche.

Come accennato precedentemente, va ulteriormente ribadito che non è facile intervenire sui disturbi di personalità a meno che non si tratti di disturbi veramente leggeri. Noi proponiamo le stesse pietre che abbiamo utilizzato come stabilizzatori nei tipi psicologici di personalità, quelle che abbiamo definito come il "simillimum". Inoltre potrebbe essere utile affiancare temporaneamente alla pietra di personalità altre pietre per specifiche problematiche, da valutare nei singoli casi. Come specificato più avanti, per questo tipo d'intervento si consiglia di rivolgersi ad un esperto del settore.

A questo punto del nostro viaggio pubblichiamo una tabella che è la sintesi di tutte le nostre ricerche.

A sinistra abbiamo inserito tutti i tipi psicologici di personalità, al centro li abbiamo associati ai disturbi di personalità corrispondenti e a destra trovate la relativa pietra di personalità. Sta a voi a questo punto consultare la tabella ed individuare il tipo di personalità a cui appartenete, l'eventuale disturbo (se presente) e alla fine la pietra di personalità che vi rappresenta e che vi aiuterà a vivere in armonia con voi stessi e con il mondo.

TIPI DI PERSONALITÀ	DISTURBI DI PERSONALITÀ	PIETRE DI PERSONALITÀ
Personalità Reattive		
Personalità Istrionica	Disturbo Istrionico	Fluorite Arcobaleno
Personalità Narcisistica	Disturbo Narcisistico	Ambra
Personalità Rivoluzionaria	Disturbo Antisociale	Diaspro Nebula
Personalità Diffidente	Disturbo Paranoide	Occhio di Tigre

Personalità Riflessive		
Personalità Riservata	Disturbo Schizoide	Lepidolite
Personalità Prudente	Disturbo Evitante	Turchese
Personalità Solidale	Disturbo Dipendente	Quarzo Rosa
Personalità Etica	Disturbo Masochista	Malachite
Personalità Dubbioso - Riflessiva	Disturbo Passivo/Aggressivo	Septaria
Personalità Emotive		
Personalità Perfezionista	Disturbo Ossessivo/Compulsivo	Onice Nero
Personalità Mutevole	Disturbo Borderline	Pietra del Sole
Personalità Sognatrice	Disturbo Dissociativo	Ametista
Personalità Eccentrica	Disturbo Schizotipico	Pietra di Luna
Personalità Decisa	Disturbo Sadico	Granato
Personalità Reattivo - Emotiva	Disturbo Depressivo e/o Maniacale	Labradorite

Nonostante l'impegno utilizzato nella scelta delle pietre, la cristalloterapia che proponiamo può non essere sufficiente nei disturbi di personalità più rilevanti. Per questo è consigliabile utilizzarla in associazione ad una forma di psicorieducazione individuale. Abbiamo potuto constatare che generalmente coloro che soffrono di un disturbo di personalità, se sottoposti ad un trattamento con le pietre, sono in grado di comprendere meglio la loro situazione psichica e di cominciare a farsi corrette domande sulla causa della loro sofferenza. La consapevolezza raggiunta facilita grandemente il lavoro di psicorieducazione. Abbiamo infatti notato che l'uso appropriato delle pietre può aprire la persona non solo alla consapevolezza della propria problematica ma anche alla necessità di una terapia psicologica. Diventa così più facile gestire un trattamento psicoterapeutico con un soggetto che mostra una capacità collaborativa reale. Anche in questi casi il compito delle pietre può diventare importante.

Per questa ragione è consigliabile la preparazione del paziente al trattamento psicologico con l'utilizzo della cristalloterapia a cominciare da una fase che precede tale trattamento.

L'uso delle pietre come cura dei disturbi di personalità è per adesso una stimolante scommessa ma non ancora una realtà scientifica. È importante sottolineare a questo punto che noi abbiamo utilizzato le pietre come un intervento interessante ma che è sempre necessario prendere in considerazione la collaborazione di una corretta terapia di supporto psicologico.

Ci sono disturbi della personalità per i quali le pietre da sole sono insufficienti per la loro completa risoluzione. Possiamo però effettuare un tipo di intervento con tutta una serie di pietre per fornire un supporto più accurato e mirato anche a chi soffre di un disturbo di personalità importante.

Non è possibile dare un contributo scientifico che accerti la validità di tale intervento sui disturbi di personalità, è comunque diritto di ciascuno scegliere il percorso che reputa più affine ai suoi desideri anche in assenza di una documentazione scientifica. Si tratta in ogni caso di un tipo di intervento in cui è necessario un contatto diretto con un professionista serio e preparato che in base ad una serie di considerazioni tecniche individuali sceglierà le pietre che valuterà necessarie in quel dato momento del percorso. In questo caso il risultato si basa sulle capacità del cristalloterapeuta di coinvolgere il soggetto trattato. È un connubio di preparazione tecnica, culturale, intuitiva, ipnotica ed esperienziale dell'esperto che la pratica.

Per concludere va in ogni caso ribadito con decisione che lavorare nelle situazioni di disturbo di personalità con le pietre rimane estremamente difficile perché si tratta di un campo mai indagato scientificamente fino ad ora. Le nostre esperienze nell'ambito degli equilibri psichici e fisici ci danno le prime conferme positive. Dobbiamo però riconoscere che i risultati in alcuni casi possono essere deludenti. Per questo il consiglio più valido da dare a chi soffre di disturbi di personalità è quello di affrontare anche una buona psicorieducazione con un professionista di propria fiducia. Il compito della cristalloterapia è di fornire un supporto e come detto precedentemente, la nostra esperienza dimostra che è possibile affrontare al meglio una psicorieducazione con l'aiuto dei cristalli. È come se si aprissero canali di comunicazione tra la coscienza e il mondo dell'inconscio capaci di facilitare l'opera del terapeuta. È ipotizzabile che la cristalloterapia provochi una maggior produzione di un neuromodulatore chiamato dopamina. Lo svedese Arvid Carlsson, medico e neuroscienziato, professore di farmacologia dell'Università di Gothenburg, premio Nobel per la medicina nel 2000 per le sue ricerche sulla dopamina, sostiene infatti che esiste un complicatissimo sistema di fibre nervose che collegano la corteccia cerebrale ai gangli della base (una delle sedi dell'Anima). Questo sistema è un vero e proprio filtro che stabilisce ciò che può giungere alla corteccia, la sede della coscienza. La dopamina, neuromodulatore molto importante per la trasmissione nervosa di informazioni tra le cellule nervose, è in grado di indurre il filtro ad aprirsi per il passaggio delle informazioni dall'inconscio (Anima) alla coscienza. In altre parole l'aumento della dopamina permette alla coscienza di accedere a un maggior contenuto di dati rispetto a quanto avviene normalmente. L'aumento della dopamina permetterebbe anche di creare una quantità maggiore di scambi di informazioni tra i due emisferi cerebrali, una sorta di riequilibrio tra la parte destra del cervello e quella sinistra che la neuroanatomista americana Jill Bolte Taylor ha definito come un *"chiacchiericcio cerebrale"*. Questo chiacchiericcio sarebbe alla base della facilitazione del lavoro del terapeuta nel percorso di psicorieducazione. Inoltre la dopamina svolge un'importante attività nei processi di gratificazione e di fiducia in sé stessi che sono alla base dell'equilibrio psicofisico dell'individuo. La pietra di personalità parteciperebbe anche all'attivazione di tale importante attività mentale che riguarda il rafforzamento della fiducia in sé stessi, stimolando una particolare zona dell'Anima, il corpo striato, a produrre dopamina.

SESTO CAPITOLO
Pietre e malattie organiche

Non bisogna curare il corpo
senza aver curato l'Anima.
(Platone)

Sappiamo che l'Anima è la centralina di comando che controlla la nostra salute. Se l'Anima si ammala soffre e la sua sofferenza le impedisce di controllare la salute di tutti gli organi. Così dalla sofferenza psichica nascono anche gran parte delle malattie organiche.

Esistono teorie secondo le quali l'Anima, se sofferente, per contrastare il suo malessere creerebbe una malattia in un organo definito organo bersaglio perché diventa una valvola di scarico del suo stare male. Ogni malessere fisico sarebbe così anche la manifestazione speculare delle sofferenze dell'Anima, un suo tentativo per alleggerirle. È come dire che è più accettabile e meno dannoso per la salute dell'essere umano una malattia organica piuttosto che una malattia dell'Anima, l'organo più nobile e importante del nostro corpo. In ogni malattia organica così sarebbe possibile leggervi come in uno specchio la sofferenza dell'Anima.

Ecco alcuni esempi di organi o funzioni bersaglio. Un gonfiore addominale accompagnato da dolori in una donna in età feconda potrebbe essere la somatizzazione della sua voglia non realizzata di avere figli. Un dolore articolare in una qualsiasi malattia reumatica esprimerebbe la scontentezza per una situazione lavorativa o affettiva non gratificante. L'ipotiroidismo deriverebbe dall'impossibilità di esprimere le proprie idee. Un conflitto tra razionalità ed emotività bloccata sarebbe nascosto nelle diverse tipologie di sintomi della cefalea. Sentire la testa pesante indicherebbe un sovraccarico di pensieri e preoccupazioni. Il dolore pulsante rappresenterebbe il contenuto inconscio di pensieri e di progetti che cercano di uscire perché racchiusi in uno spazio non più sufficiente. Le fitte dolorose sarebbero una razionalità esagerata che schiaccia istinto ed emotività. Il sovrappeso e l'obesità potrebbero essere dovuti a bisogni trascurati e vitalità repressa. Quando la vita psichica è circoscritta, limitata e statica dal punto di vista progettuale, l'organismo accumulerebbe calorie in peso per eccessive quantità di cibo introdotte. Sono calorie accumulate in grasso piuttosto che consumate in creatività. Per sbloccare il metabolismo si dovrebbe intervenire e dare più spazio a sogni, passioni, desideri e progetti.

Molto è stato detto su un presunto rapporto tra organo o funzione malata e la sofferenza dell'Anima ma bisogna essere estremamente cauti a far diventare una realtà scientifica quella che tutt'oggi è ancora una teoria in fase di approfondimento. In ogni caso è utile prendere in considerazione questa visione in tutti quei casi di malattia che i medici non riescono a curare in altro modo o quando il rapporto tra psiche malata e organo bersaglio è chiaramente evidente. A questo proposito diceva giustamente il grande filosofo Platone che *"Non bisogna curare il corpo senza curare l'Anima"*.

Certo è che la malattia organica, qualunque essa sia, nasce da un connubio tra ambiente, predisposizione genetica e sofferenza psichica dell'Anima. Quest'ultima potrebbe essere la causa principale di malattia.

Si potrebbe anche ipotizzare che chi presenta sintomi di malattia a livello organico sia da considerarsi vittima di una sofferenza mentale dalla più lieve alla più grave, dovuta ad un deficit di fiducia in sé stesso che tiene viva l'infantile paura dell'abbandono. L'intervento terapeutico che ricrea fiducia nell'Anima rimane perciò l'intervento di base specialmente nelle prime fasi di tutte le malattie psichiche e organiche (prima che si sia verificato un danno d'organo). I primi disturbi funzionali organici che compaiono sono: calo delle difese immunitarie, astenia, insonnia, perdita di memoria, disturbi alimentari, disturbi digestivi, cefalea, diminuzione del desiderio sessuale, sbalzi pressori, iperglicemia, reazioni allergiche e pseudoallergiche, osteopenia, dolori reumatici e disfunzioni ormonali varie. È bene saperli riconoscere perché sono i primi segnali di sofferenza dell'Anima che coinvolgono gli organi. Vanno curati in tempo con strategie soprattutto di tipo psicologico che coinvolgano l'Anima stessa. Altrimenti col passare del tempo si può arrivare ad un definitivo danno d'organo e di funzione che resta più difficile da controllare.

È ormai accertato che l'utilizzo di terapie che agiscono sull'Anima migliora lo stato di salute in un gran numero di malattie, rende più rapido il recupero post-operatorio, riduce il ricorso a procedure e analisi mediche. Aumenta altresì il benessere della persona senza effetti collaterali dovuti ai farmaci. Anche le patologie più gravi trovano beneficio dall'utilizzo di quelle che vengono definite come terapie Anima-corpo.

Non sono un tipo di terapie nate da poco. Le troviamo utilizzate da popoli tanto diversi tra loro e con origini spesso molto lontane nel tempo.

In epoca recente il fisico austriaco Fritjof Capra nel suo famoso saggio *Il punto di svolta*, afferma che *"Ammalarsi e guarire sono due processi entrambi parte integrante dell'autorganizzazione di un organismo. Ed essendo tutta l'attività di autorganizzazione un'attività mentale, i processi di ammalarsi e di guarire sono essenzialmente processi mentali. Poiché l'attività mentale è un tipo di processo a molti livelli, la maggior parte dei quali hanno luogo nel regno dell'inconscio, noi non siamo sempre pienamente consapevoli di come entriamo nella malattia o di come ne usciamo, ma ciò nulla toglie al fatto che la malattia è nella sua stessa essenza un fenomeno mentale".*

Sembra invece che la medicina attuale si accontenti di tenere sotto controllo i sintomi di ogni malattia essenzialmente con l'utilizzo di farmaci chimici, fino a crearne spesso una vera e propria dipendenza. Si convince il malato ad accettare e convivere con la sua malattia piuttosto che stimolarlo alla guarigione. Si tende a bloccare il malessere fisico il più velocemente possibile con i farmaci, senza prendere in considerazione il fatto che magari quel malessere potrebbe anche essere un campanello di allarme che ci avverte di precise esigenze psichiche profonde non ascoltate.

Non dobbiamo criminalizzare le terapie della medicina ufficiale ma dobbiamo essere consapevoli della partecipazione attiva della sofferenza dell'Anima in tutte le malattie psichiche ed organiche e che l'atteggiamento più equilibrato da tenere è collaborare con l'Anima per ottenere un miglior effetto terapeutico. Sono importanti il linguaggio con cui si parla al paziente, la valutazione di problematiche psichiche, sociali e affettive, una visione decisa della prospettiva di guarigione, lo stimolo ad affrontarla insieme con coraggio. Infine, ma non meno importante, è la certezza che il paziente deve avere della presenza e della facile rintracciabilità del medico durante la sua malattia. Sono parte di tutta una serie di accorgimenti che fanno della medicina uno splendido connubio tra arte e scienza.

La visione che tutte le malattie psichiche e fisiche abbiano come componente essenziale la sofferenza dell'Anima ci ha convinti ad utilizzare le pietre di personalità anche nelle patologie organiche. In questo caso le pietre potrebbero essere inserite tra le terapie Anima-corpo. I risultati ci spingono per ora alla massima prudenza ma sono incoraggianti.

Per concludere questo capitolo c'è da ribadire nuovamente il concetto che in corso di terapie non convenzionali con le pietre i farmaci tradizionali devono essere usati fino a quando il medico decide insieme al paziente di cominciare a diminuirne le quantità perché il loro utilizzo a dosaggi pieni non è più necessario. Le pietre non sostituiscono in ogni caso i farmaci tradizionali.

SETTIMO CAPITOLO
Utilizzo e cura delle pietre

Le pietre ti aiutano
ad aiutarti.
(Fabio Norcia)

Le pietre sono materia viva con la quale è possibile comunicare attraverso un linguaggio fatto non certo di parole ma di gesti armoniosi dettati dalle nostre emozioni. Le emozioni ci portano spesso in territori inesplorati dalla razionalità ma che sentiamo esistere in noi. In quei territori inesplorati accadono fatti che la scienza per adesso non sa spiegare. Lo abbiamo verificato in tutti questi anni attraverso la nostra esperienza con l'uso delle pietre. Vi vogliamo descrivere situazioni che si sono verificate in molti soggetti che abbiamo trattato e di cui noi siamo stati testimoni. Abbiamo deciso di parlarne in questo capitolo convinti che non sia nemmeno corretto negare tali fatti perché tuttora non spiegati scientificamente.

Abbiamo constatato spesso che per trarre il massimo beneficio dall'uso delle pietre è fondamentale creare uno stretto rapporto con i minerali che utilizziamo, un rapporto fatto di contatto, di emozioni ma anche della conoscenza della loro struttura più intima. I cristalli vanno "vissuti" con un'emozione fatta di amore per le pietre e di stupore per la loro bellezza. Per questo riteniamo molto utile imparare a conoscerle e a rispettarle. A questo proposito consigliamo anche di procurarsi qualche libro che tratta in modo specifico le proprietà e le caratteristiche delle singole pietre.

Una volta individuata la pietra di personalità suggeriamo, per l'acquisto, di rivolgersi a persone specializzate nella vendita di minerali per aver modo di vederla e conoscerla dal vivo. La scelta migliore infatti avviene attraverso la sensazione trasmessa con il contatto e l'attrazione percepita per un esemplare in particolare. È importante non lasciarsi condizionare dalla misura del cristallo. La grandezza non è rilevante in quanto la sua attività non è influenzata dalle dimensioni.

Durante i momenti di utilizzo le pietre devono rimanere sempre in contatto con voi. Questo ne permette una maggiore attività e accresce la sensazione positiva del loro effetto benefico.

È sufficiente tenerle in borsa o in una tasca, è possibile anche utilizzarle sotto forma di monili da indossare o tenerle nella mano. In ogni caso il tempo di contatto fisico con la pietra va valutato individualmente osservando gli effetti sia a livello fisico che psichico.

È importante però tenere presente che le pietre sono "materia viva" ed interagiscono con il campo elettromagnetico della persona che le indossa, talvolta in maniera notevole fino a risultare in qualche modo fastidiose. Questo può avvenire se si tiene la pietra troppo a lungo a contatto con la pelle, ad esempio se indossata sotto forma di monile. Nel caso si avvertisse una sensazione sgradevole dobbiamo ridurre il tempo di contatto. È consigliabile pertanto all'inizio tenere la pietra a contatto con il corpo pochi minuti e successivamente valutare se è possibile allungare i tempi. È importante inoltre ricordare che le pietre hanno una diversa capacità reattiva a seconda della loro struttura chimica, ad esempio la Malachite, l'Occhio di Tigre, l'Onice Nero e l'Ametista vanno utilizzate con particolare attenzione specialmente all'inizio del trattamento.

Non sappiamo perché alcune pietre, come ad esempio l'Ametista, si sono mostrate utili durante la meditazione. Pensiamo che la ragione è che permettono un maggior scambio di messaggi tra l'Anima e la coscienza. Inoltre aumentano il senso di gratificazione dell'Anima stessa. Non abbiamo certezze se non il fatto che questo avviene. L'Ametista è utilizzata anche nella tecnica del sistema dei Chakra per favorire *"l'apertura del Terzo Occhio"* corrispondente al 6° Chakra che si trova proprio in mezzo alle sopracciglia, dove noi collochiamo l'Anima. È una coincidenza che ci fa riflettere e può servire come base per ulteriori ricerche. Abbiamo anche notato che posizionando questa pietra vicino al letto, l'attività onirica viene in qualche modo stimolata. Tutte queste attività potrebbero essere incrementate come abbiamo già fatto notare, per un aumento della produzione di dopamina da parte dell'Anima.

Quando acquistiamo una pietra e durante il suo utilizzo è necessario, se vogliamo usufruire al meglio delle sue proprietà, prepararla tramite quella che viene chiamata purificazione. Ad esempio, se una pietra è troppo "carica" rischia di diventare fragile fino a frantumarsi. La carica elettromagnetica assorbita della pietra può derivare dal contatto con le persone che l'hanno usata o dalla vicinanza di oggetti come TV o computer. Per questa ragione la maggior parte delle pietre non dovrebbe essere tenuta in vicinanza di apparecchi elettronici e forni a microonde. Fanno eccezione pietre come la Shungite e la Tormalina Nera che possono aiutarci a neutralizzare i pericoli dell'inquinamento elettromagnetico.

La carica elettromagnetica assorbita da queste due ultime pietre va periodicamente scaricata preferibilmente con il metodo dell'acqua corrente.

Esistono diversi metodi per purificare i minerali ma vanno scelti in base al tipo di pietra che vogliamo trattare. Infatti i vari metodi non sono applicabili a tutte le pietre o cristalli, in quanto alcuni rischiano di danneggiarli. Alcuni metodi possono essere definiti empirici ed è difficile trovarne un significato scientifico, anche se a detta di specialisti del settore sono in grado di funzionare. In ogni caso è consigliabile rivolgersi ad esperti per scegliere il metodo di purificazione più idoneo per ogni pietra.

I principali metodi utilizzati per purificare pietre e cristalli sono: l'Acqua, la Terra o l'Argilla, il Sale, le Druse e i Circuiti Radionici.

Purificare con l'Acqua

È il metodo più pratico e più utilizzato. Si tratta di fare scorrere sulle pietre acqua pulita (l'ideale sarebbe l'acqua pura di un ruscello ma anche l'acqua del rubinetto va bene), purché sia fredda in quanto l'acqua calda rischia di danneggiare la struttura del minerale provocando incrinature o spaccature. Il cristallo va tenuto sotto il getto dell'acqua per un tempo che varia da qualche minuto a un'ora, a seconda dell'uso che è stato fatto del minerale e del luogo dove è stato tenuto.

È necessario fare attenzione ad usare questo metodo con le pietre che contengono metalli (ad esempio il Turchese, la Crisocolla e l'Azzurrite che contengono rame oppure la Pirite, l'Ematite e la Magnetite che contengono ferro) in quanto sono soggette ad ossidazione. Anche pietre con una durezza inferiore a 5 sulla scala di Mohs, che misura la durezza delle pietre (ad esempio la Rosa del Deserto, l'Angelite e l'Opale) possono essere danneggiate dal contatto prolungato con l'acqua.

Purificare con la Terra o l'Argilla

È il trattamento più lungo in quanto ha una durata di tre giorni nella fase di luna nuova, ma è anche il più completo.

Per la purificazione con la terra il trattamento consiste nel sotterrare le pietre direttamente nel terreno o in un vaso.

Per la purificazione con l'argilla mettiamo le pietre in un recipiente di coccio, vetro o legno e le copriamo con l'argilla.

Esistono vari tipi di argilla. Quella più facilmente reperibile e meno costosa è l'argilla verde ventilata, disponibile in tutte le erboristerie.

In entrambi i casi trascorsi i tre giorni, mettiamo le pietre in un contenitore pulito, sempre di materiale naturale, lasciando scorrere un filo acqua fredda corrente per circa mezz'ora. Successivamente le asciughiamo con un panno pulito in cotone.

Questi metodi però sono sconsigliati per le pietre particolarmente porose, in quanto la terra o l'argilla potrebbero inserirsi nelle micro-fessure del minerale, rendendone molto difficile la ripulitura senza danneggiarlo. Se comunque riteniamo utile questo tipo di purificazione profonda, il consiglio è di avvolgere bene le pietre in un panno di fibra naturale, prima di metterle sotto terra o sotto argilla.

Purificare con il Sale

Mettiamo le pietre in un recipiente di coccio, vetro o legno e copriamo con sale grosso marino o sale rosa himalayano. Lasciamole riposare per una notte.

Questo procedimento può risultare troppo aggressivo per cristalli dalla struttura delicata come ad esempio Opale, Aragonite, Selenite e Ambra (che è una resina). In questi casi è necessario avvolgere i cristalli in un panno di cotone per evitare il contatto diretto con il sale e dimezzare il tempo di posa.

Purificare con le Druse

Le Druse più usate per la purificazione sono quelle di Ametista e di Quarzo Ialino. I cristalli vanno posizionati sopra le punte e lasciati fermi da qualche ora a 3 giorni. Questo metodo è adatto anche per le pietre più delicate, in quanto non ne danneggia la struttura. L'effetto più potente si ha sfruttando druse nelle quali sono presenti numerose punte.

Purificare con i Circuiti Radionici

Con il termine Radiestesia ci riferiamo ad un fenomeno che consiste in una interazione tra le radiazioni emesse dall'oggetto in studio e particolari centri recettori esistenti nell'organismo dell'operatore. Lo stimolo fisico prodotto da queste radiazioni sugli organi di senso, tradotto in stimolo elettrico dall'apparato nervoso, agisce sui centri cerebrali che a loro volta agiscono sui muscoli dell'operatore. Costui inconsciamente aziona un *pendolo* o un *biotensor*, strumenti che fungono così da rilevatori della microattività neuromuscolare. (Cit. del Prof. Fernando Bortone, *La radiestesia applicata alla medicina*). La Radionica è un settore specifico della Radiestesia. È un metodo di riequilibrio energetico che può essere svolto con diversi strumenti tra i quali i *Circuiti Radionici* che agiscono attraverso le *onde di forma*. Le onde di forma sfruttano la corrente magnetica terrestre che corre lungo una linea di emissione nord-sud, corrispondente alla posizione dei poli terrestri. L'ago della bussola è influenzato da questa corrente magnetica che diviene la base fondamentale delle onde di forma e consente loro di agire. Infatti quasi tutti i circuiti radionici devono essere orientati a Nord. Lo studio delle onde di forma ha conosciuto un forte sviluppo ad opera soprattutto dei due ricercatori Chaumery e De Belizal, del fisico Louis Turenne e dei fratelli Servranx. Grazie ai loro studi, questi scienziati hanno appurato che le figure geometriche, se orientate al nord magnetico terrestre, possono assorbire ed emettere il flusso magnetico della Terra.

Il circuito radionico da noi suggerito ha la funzione di radiare verso l'esterno l'energia accumulata in un oggetto. Lavora molto bene con le pietre e lo consigliamo quando non si vuole solo purificare la pietra ma anche liberarla da precedenti programmazioni, in quanto "resetta" completamente il sistema energetico della pietra. Posizionare la pietra per almeno 2 ore al centro del seguente circuito.

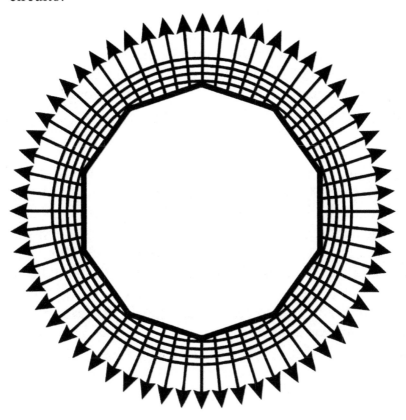

Circuito Disimpregnatore da utilizzare per purificare
la vostra pietra di personalità

Altri trattamenti utili per le Pietre

Possiamo aiutare le nostre pietre a mantenersi energeticamente stabili immergendole per 1-2 ore in un recipiente contenente mezzo litro di acqua e 15 gocce del preparato Rescue Remedy dei *Fiori di Bach*.

Un altro valido metodo è la fumigazione con Incensi, Palo Santo o Salvia Bianca. Inoltre possiamo esporre le pietre ai raggi del sole posizionandole all'aperto nelle ore dell'alba e del tramonto per 1-3 giorni, in modo che possano essere "ricaricate energeticamente" (Sole = energia Yang maschile) nei momenti di luce meno violenta, senza subire danni per il troppo calore.

Un'altra pratica utile è l'esposizione delle pietre alla luce lunare tutta una notte di plenilunio per essere "ricaricate energeticamente" (Luna = energia Yin femminile).

Per alcune pietre e più indicata la ricarica con l'energia solare, per altre con l'energia lunare.

Dopo un certo periodo di utilizzo, che dipende da molti fattori (tipo di pietra, frequenza e intensità di utilizzo, ambiente dove viene tenuta la pietra, mancate purificazioni...), può accadere che la pietra si rompa o subisca un cambio di aspetto e/o colore. Si dice allora che la pietra si è "esaurita". In questo caso la cosa più indicata da fare è restituire la pietra alla Natura, sotterrandola o gettandola in un corso d'acqua e ringraziarla per il "sostegno" che ci ha donato.

OTTAVO CAPITOLO
Conclusioni

Ho vissuto
ere geologiche interminabili.
Immani cataclismi
hanno scosso la mia memoria litica.
Porto con emozione
i primi segni della civiltà dell'uomo.
Il mio tempo non ha tempo.
(Pinuccio Sciola)

È difficile classificare le esperienze e i risultati legati al trattamento con le pietre perché la risposta a tali trattamenti è legata alla diversa reazione individuale.

Abbiamo potuto tuttavia constatare che coloro che hanno voluto confrontarsi con le pietre, pur dichiarando di non avere una specifica patologia da trattare, hanno nella maggior parte dei casi ottenuto risultati interessanti. Tutti hanno riscontrato una maggiore carica energetica accompagnata da più ottimismo e progettualità. Una parte dei soggetti, circa il 30%, ha chiesto di potere approfondire le proprie conoscenze e ottenere risultati più stabili affrontando un percorso di crescita personale. Questi soggetti hanno scelto un corso di gruppo o un percorso individuale in percentuale pressoché simile.

Tali risultati sono stati per noi molto incoraggianti. In particolare il riscontro del desiderio di circa un terzo dei soggetti di affrontare un percorso che mai prima di allora avevano mostrato il desiderio di intraprendere, è stato per noi un buon esito. Abbiamo ritenuto fino dall'inizio di questo progetto che sarebbe stato importante stimolare la maggior parte di coloro che incontravamo ad affrontare un percorso di crescita personale. Affermava Mahatma Gandhi che *"un mondo migliore è un sogno che inizia a realizzarsi quando ciascuno di noi decide di migliorare sé stesso"*. Il percorso di crescita spirituale individuale sta infatti alla base di un cambiamento epocale delle nostre società ancora troppo primitive, violente e maschiliste. Più persone decidono di cambiare, più il mondo è destinato a migliorare. Questa convinzione non è solo nostra e di Gandhi ma oggi accettata da gran parte di filosofi, scienziati e saggi in tutto il mondo. Noi lavoriamo in questa direzione per portare un numero sempre maggiore di persone ad effettuare un cambiamento utile non solo a loro ma a tutto il mondo.

I casi di soggetti con chiari segni di disturbi di personalità trattati con le pietre hanno dato risultati più discordanti. I casi più lievi hanno avuto un andamento simile a quello di coloro che presentavano una situazione di equilibrio psichico. È aumentata in questo gruppo la richiesta di percorsi di psicorieducazione di gruppo o individuali, come d'altronde era il caso di aspettarsi, fino ad una percentuale del 50%.

I casi più gravi venuti alla nostra consulenza sono per ora pochi per trarre delle corrette conclusioni. Per quello che è possibile valutare, il trattamento con le pietre da solo si è dimostrato non sufficiente per correggere tali patologie che hanno richiesto l'utilizzo di trattamenti più specialistici, a cominciare dall'impiego di farmaci e di psicoterapie adeguate. Affrontare il problema con le pietre ha permesso comunque di indirizzare anche questi soggetti ad una psicorieducazione da loro mai considerata in precedenza. La consapevolezza acquisita del loro problema è già di per sé un successo perché ha permesso di facilitare il loro incontro con una qualsiasi forma di psicorieducazione. Talvolta è stato possibile correggere specifici atteggiamenti patologici che sono motivo di grande difficoltà per chi li vive. All'interno di una malattia mentale infatti può emergere tra tutti un sintomo psichico spesso invalidante che è fonte di grande disagio. Il più delle volte si tratta di un fenomeno delirante o allucinatorio. Trattando quel sintomo con le pietre abbinate ad uno specifico colloquio è possibile notare un netto miglioramento. Questo è da considerarsi un risultato molto incoraggiante.

Alcuni soggetti con disturbo di personalità presentavano anche malesseri fisici da mettere in rapporto con il disturbo psichico. La risoluzione è possibile e spesso avviene in contemporanea alla soluzione del problema psichico.

A titolo esplicativo qui di seguito riportiamo alcuni casi di disturbi della personalità trattati con le pietre di personalità, i cui risultati sono stai soddisfacenti.

Primo caso

Francesco, 22 anni, astenico con saltuarie crisi di ansia. Viveva con i genitori ai quali era profondamente legato. Si lamentava della sua astenia, dell'ansia e della sua dipendenza passiva dai genitori per la quale non riusciva a prendere decisioni autonome. Le caratteristiche del comportamento di questo soggetto e i suoi sintomi indicavano un disturbo Dipendente di personalità. È stato trattato per tre mesi con la pietra di personalità (Quarzo Rosa) e con un intervento di psicorieducazione. A fine trattamento le sue condizioni di salute erano nettamente migliorate. Si è proseguito la terapia solo con la pietra di personalità.

Secondo caso.

Alessia, 29 anni, ansiosa e depressa, solitaria perché aveva difficoltà di socializzazione.

Si trattava di un disturbo Evitante di personalità che ha richiesto l'uso della pietra di personalità (Turchese) e un intervento di psicorieducazione durato tre mesi. A fine trattamento le sue condizioni di salute erano nettamente migliorate. Si è proseguito la terapia solo con la pietra di personalità.

Terzo caso

Gaetano, 30 anni, chiaramente psicotico con episodi deliranti. In questo caso lamentava astenia profonda, perdite frequenti dell'equilibrio e senso di schiacciamento da parte di non ben definite energie provenienti dai campanili delle chiese.

Il caso può essere inquadrato in un disturbo Schizotipico di personalità. È stato trattato solo con la pietra di personalità (Pietra di Luna) alla quale è stata aggiunta la Tormalina Nera e una seduta in cui è stata creata la fiducia nell'efficacia delle pietre mediante la spiegazione del loro funzionamento. Questo è il miglior atteggiamento per soggetti psicotici. Dopo un mese i sintomi descritti erano praticamente scomparsi.

Quarto caso

Franca, 55 anni, nevrotica con mania di persecuzione che si rinnova per episodi che riguardano atteggiamenti di stalking da parte di soggetti conosciuti ma anche di sconosciuti.

Il caso è da inquadrarsi in un disturbo Ossessivo-Compulsivo di personalità. È stata trattata con la pietra di personalità (Onice Nero) e tre sedute in cui è stata creata una maggiore fiducia in sé stessa e nella capacità della pietra di aiutarla. Dopo due mesi i sintomi erano diminuiti.

Quinto caso

Eleonora, 65 anni, lamentava crisi ansiose anche per piccoli allontanamenti dalla sua abitazione.
Si trattava di un disturbo Dipendente di personalità. Abbiamo utilizzato la pietra di personalità (Quarzo Rosa) e un percorso di psicorieducazione proseguito per tre mesi fino alla completa remissione del sintomo.

L'utilizzo delle pietre di personalità è sicuramente un tipo di intervento innovativo nell'ambito della cristalloterapia. Le nostre ricerche ci hanno inoltre mostrato che può essere utile abbinare a questa tecnica anche le nostre esperienze personalizzate di lavoro. Si tratta di trattamenti messi a punto in molti anni di lavoro e che offriamo a tutti coloro che richiedono il nostro intervento.

Fabio Norcia propone un percorso di crescita personale che può essere effettuato in due modi. Il primo modo è quello della partecipazione ad un corso di gruppo che si chiama *Scuola di Scienza della Felicità*. Prevede una serie di incontri che hanno lo scopo di fare conoscere i meccanismi di funzionamento della mente. Da questa conoscenza è possibile portare avanti un percorso di cambiamento e di crescita personale. Il secondo modo è un percorso personalizzato da lui chiamato *percorso di psicorieducazione individuale*. Si tratta dello stesso percorso della Scuola di Scienza della Felicità con la sola differenza che è effettuato individualmente poiché si rivolge anche a situazioni psichiche complesse. Percorsi simili possono essere scelti dai soggetti interessati con psicoterapeuti o medici di loro fiducia. La cosa più importante è la voglia e l'impegno per il cambiamento.

Fiammetta Baldassini propone trattamenti energetici di vario tipo (Reiki abbinato alla Cristalloterapia, Fiori di Bach, Meditazioni, Costellazioni familiari integrate con lo studio dell'Albero Genealogico).

I trattamenti energetici supportano le terapie convenzionali sia nei disturbi fisici che in quelli psicologici in quanto aiutano la persona a ritrovare equilibrio ed armonia. In modo particolare durante i trattamenti di Reiki e Cristalloterapia si ottengono migliori risultati se si associano le pietre di personalità. La stessa cosa accade se si usa la propria pietra di personalità durante la meditazione, svolta con varie tecniche. Le Costellazioni familiari e lo studio dell'Albero Genealogico possono aiutarci ad entrare in contatto con le informazioni contenute nella nostra memoria genetica, al fine di elaborare traumi accaduti ai componenti del sistema familiare e che in vari modi possono condizionare la nostra vita. Dopo aver partecipato ad una sessione di Costellazioni familiari è necessario un periodo di elaborazione ed integrazione. In questo periodo l'utilizzo della pietra di personalità può facilitare tale processo.

Ci auguriamo un sempre maggiore successo nei prossimi anni del trattamento che proponiamo in questo libro grazie a ricerche e sperimentazioni sempre più approfondite. Avere individuato nelle pietre di personalità da abbinare ai tipi di personalità un metodo per trattare non solo soggetti in buon equilibrio psichico che desiderano migliorare le loro capacità mentali e la loro salute psicofisica, ma anche soggetti affetti da disturbi di personalità ci è sembrata una strada nuova e promettente che valeva la pena di intraprendere. Si è trattato di un approccio innovativo mai sperimentato prima nel campo della cristalloterapia, intesa come supporto per le attività mentali normali e patologiche. I risultati possono interessare anche i disturbi organici che sappiamo presentare una componente psichica più o meno grande. Siamo convinti che anche voi, al pari nostro siate stati affascinati dal mondo delle pietre, sicuramente magico ma finalmente coinvolto per la prima volta in un progetto scientifico. Siamo solo all'inizio ma con l'aiuto di tutti coloro che hanno voluto approfondire l'argomento leggendo questo libro, sarà sempre più possibile nel futuro trarre beneficio da questo magnifico regalo che la natura ci offre. Sicuramente le pietre fanno parte di un messaggio grande che coinvolge noi esseri umani come tutti gli altri esseri viventi, non solo in questo mondo ma in possibili altri Universi.

Bibliografia

Ringraziamo tutti gli Autori che hanno contribuito alla scrittura e alla realizzazione di questo libro.

Aberbach D., *Grief and Mysticism. Int. Rev. Psychoanal.*, 1987.

Andreoli Vittorino, *Un secolo di follia*, BUR, Milano, 1999.

Andreoli Vittorino, *Dalla parte dei bambini*, Rizzoli, Milano, 1998.

Basaglia Franco, *Conferenze brasiliane*, Cortina Editore, Milano, 2000.

Bastide Roger, *Sogno, trance e follia*, Jaca Book, Milano, 1976.

Battacchi M. e Giovannelli G., *Psicologia dello sviluppo*, NIS, Roma, 1996.

Boncinelli Edoardo, *Il cervello, la mente e l'anima*, Mondadori, Milano, 2000.

Borch-Jacobsen Mikkel e Shadasani Sonu, *The Freud Files*, Cambrydge, University Press, 2011.

Bortone Fernando, *La radiestesia applicata alla medicina*, Edizioni Vannini, Brescia, 2006.

Braden Gregg, *Il codice della vita*, Macro Edizioni, 2005.

Capra Fritjof, *Il punto di svolta*, Ed. Feltrinelli, 2013.

Cipriani C. e Borelli A., *Pietre preziose*, Orsa Maggiore Editrice, Milano, 1995.

Frazier Karen, *Scoprire i cristalli*, Edizioni Armenia, Milano, 2022.

Gienger Michael, *L'arte di curare con le pietre*, Edizioni Crisalide, Latina, 1997.

Hadot Pierre, *La felicità degli antichi*, Raffaello Cortina Editore, 2011.

Hanaway Joseph e Altri, *Il sistema nervoso centrale dell'uomo*, Ed.Ermes, Milano, 2000.

Kakar Sudhir, *Sciamani, mistici e dottori*, Pratiche Editrice, Parma, 1993.

Klein Josephine, *Il nostro bisogno degli altri*, Armando Editore, Roma, 1998.

Kreinheder Albert, *Il corpo e l'anima*, Moretti & Vitali Editori, Bergamo, 2001.

Krishnamurti Juddu, *Di fronte alla vita*, Ubaldini Editore, Roma, 1969.

McWilliams Nancy, *La diagnosi psicoanalitica*, Casa Editrice Astrolabio, Roma, 2012.

Milner M., *La follia rimossa delle persone sane*, Edizioni Borla, Roma, 1992.

Norcia Fabio e Calzecchi Onesti Cristina, *Fantasmi*, Porto Seguro Editore, Firenze, 2023.

Norcia Fabio, *Psiche*, Anima Edizioni, Milano, 2020.

Wery von Limont Sabine, *La vita segreta dell'Anima*, Mondadori Editore, Milano, 2018.

Indice

INTRODUZIONE DI FABIO NORCIA
Il simillimum 9

PRIMO CAPITOLO
Materia in movimento 15

SECONDO CAPITOLO
Tipi psicologici di personalità 31

TERZO CAPITOLO
I tipi psicologici di personalità e le pietre 43

LE SCHEDE DELLE PIETRE DI PERSONALITÀ 47

QUARTO CAPITOLO
Le malattie dell'Anima e le pietre 67

QUINTO CAPITOLO
I disturbi di personalità e le pietre di personalità 93

SESTO CAPITOLO
Pietre e malattie organiche 101

SETTIMO CAPITOLO
Utilizzo e cura delle pietre..107

OTTAVO CAPITOLO
Conclusioni..115

Bibliografia.. 123

Printed in Great Britain
by Amazon

32135062R00076